ビジネス双書

MBAが考えるヘルスケア経営

その戦略と組織

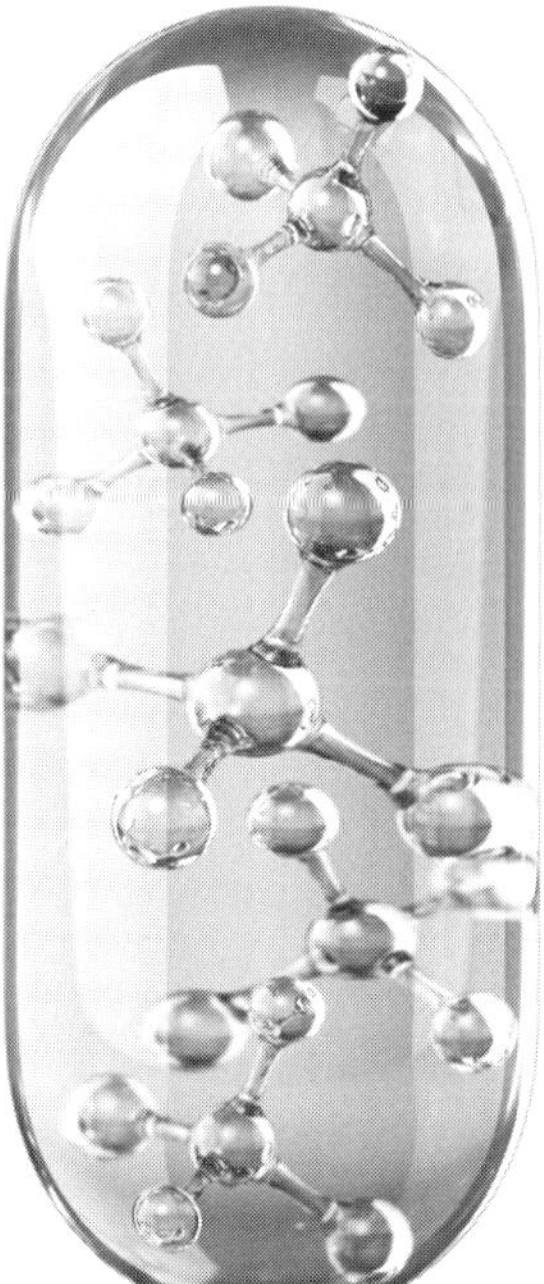

加護野忠男〔編著〕
Kagono Tadao

〔発行所〕碩学舎　〔発売元〕中央経済社

目次

第13章　医薬品企業のコーポレート・ガバナンス――285

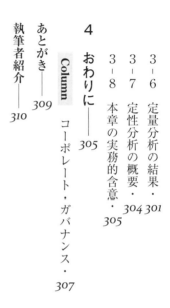

第1部

激動期のヘルスケア事業に MBAが果たす役割

第1章

神戸方式MBAのコンセプト

加護野忠男

はじめに

本書の執筆者たちは、医療・医薬関連のさまざまな組織で働きながらＭＢＡの学位を神戸大学で取得した人たちである。第1部では、本書の執筆者たちが学んだ神戸大学ＭＢＡとはどのようなところか、そしてそこでは、どのような学びが行われているかを、２つの章に分けて解説する。

第1章では、神戸大学ＭＢＡの基本的な考え方（コンセプト）、つまりどのようなターゲットに対してどのような価値（教育のコンテンツ）を提供してきたかについての説明を行う。なお、神戸大学ＭＢＡの教育プログラムは、年々進化している。ここで私が述べる内容は、本書の執筆者たちが学んだ当時の教育プログラムを前提にしており、現在の最新のプログラムではない。とはいえ、現在の神戸大学ＭＢＡの教育のコンテンツも、その当時と背骨となる基本的な設計思想は変わっていない。

第2章では、そのなかで本書の執筆者たちが、どのような学びに到達したかのエッセンスを、修士論文を通じたヘルスケア産業への提言の中に確認する。学生が自身の所属する企業あるいは産業への提言につながる修士論文を書き上げることは、今も変わらぬ神戸大学ＭＢＡのプロジェクト方式による学びの集大成である。

事業コンセプトをめぐる3つの問い

神戸大学MBAの経営戦略論では、事業戦略のエッセンスは事業コンセプトとして示されると教えている。事業コンセプトとは、端的には「誰に」「何を」「いかに」という3つの問いに対する回答である。

神戸大学の三品教授は、この「誰に」「何を」という最初の2つを、事業の「立地」という概念で示している。この2つはコンセプトの肝となる部分である。神戸大学のMBAコースの基本戦略も、この枠組みに沿って作られた。まず「誰に」とは、どのような学生をターゲット顧客にするかという問いである。第2の「何を」は、そこでどのような価値を提供するかという問いである。さらに最後の「いかに」とは、その価値を提供するためにいかなる活動を行うのかという問いである。これに対する回答は、ビジネススクールの場合、教育のコンテンツということになる。

誰　に

神戸大学MBAのターゲットはずいぶんと絞り込まれている。神戸大学MBAで学ぶのは、日本の企業現場で現に働いているビジネス・パーソンである。大学を卒業したばかりのフレッシュマンは対象とはならない。実際に応募資格があるのは、最低でも1年以上職場で働いている現役のビジネス・パーソンである。

もう1つの条件もある。神戸大学ＭＢＡが対象としているのは、日本の企業現場で継続して働き続けようと思っているビジネス・パーソンである。日本の企業とは言っても、純粋の日本企業に限られるわけではない。神戸には数多くの外資系企業が立地しているが、外資系企業で働くビジネスマンも対象である。

日本という国籍にこだわっているわけではない。重要なのは、日本語の能力であり、経営の機微を理解し表現できるだけの日本語能力をもつことを要求している。通学可能な職場で働いていて、十分な日本語能力があれば、外国人でも大歓迎である。実際に日本企業で働く外国人の学生もいる。実現はしなかったが、週末にソウルから飛行機で神戸に通い、学びたいと応募してきた外国人の方もいた。

一方で、日本企業のグローバル化の拡大を受けて、日本型経営の優れた特性を海外展開する仕事に従事している入学者も増えている。さらに神戸大ＭＢＡでは、ビジネス・パーソンといっても企業で働く人々だけでなく、官公庁、公益法人、病院などの組織で働く人々も対象にしている。ＭＢＡを取得してから転職する人もいるが、たしかに長い人生の中ではそのようなことも起こるかもしれない。しかし、目先の転職のためにＭＢＡの学位が欲しいという人々を、神戸大学ＭＢＡは主たるターゲットにしているわけではない。

何を

神戸大学ＭＢＡが提供しようとしている価値は、学生が現在勤務中の企業への経営面での貢献能力を高めることである。先に述べたように、神戸大ＭＢＡの教育は、企業外部への転職のための経営能力を高めることを目的としているわけではない。この価値を実現する最も重要なコンテンツは、働きながら学ぶという就学の方式から得られる。この「いかに」については、節をあらためて詳しく論じよう。

井の中の蛙、天の深さを知る

「井の中の蛙《かわず》、大海を知らず」という言葉はよく知られている。しかし、この言葉の後に「されど天の深さを知る」という言葉が付け加えられることがあることを知っておられるだろうか。

この「されど」以下に付け加えられた言葉の意味を敷衍してみよう。井の中の蛙は広い世間を知らないかもしれない。だが、井戸の口から毎日同じ空を眺めている。そこから蛙は真昼の太陽の傾きが毎日のように変わっていること、そして夜見える星が季節によって違うことを知る。そこから宇宙の運行法則が理解できるかもしれない。

この言葉こそが、神戸大学ＭＢＡの基本的な考え方を示す言葉だと私は考えている。それだけではない。この言葉は、優れた経営者や企業家が経営についての理解を深めていく方法について述べたものと解することができる。優れた企業家や経営者は多数の企業を知っているわけではない。むしろ一つの企業しか知らないことが圧倒的に多い。その代わりにその企業の問題を深く考え抜いている。だから、その経験や知恵はほかでも使えるのである。

この経験を大学院でさらに深めてもらおうというのが、神戸大学ＭＢＡの狙いである。学生には足元の問題を深く考えてもらい、教授陣はその手伝いをしようというのが、神戸大学ＭＢＡの「いかに」である。

いかに

「井の中の蛙、天の深きを知る」という思想を実践につなげていこうとするときに、何が有効か。それは、今の職場で働きながら学ぶという方法である。神戸大学ＭＢＡを開学するときに、私たちは働きながら学ぶという就学方式を採用したが、実は最初の意図は姑息なものだった。フルタイムで仕事を休んでもらって就学するという方式だと、本人や会社の負担が大きく、学生が集まらないかもしれないと考えたのである。

働きながら学ぶという就学方式が持つもっとも明確な価値は、現在の企業への貢献能力を高めることができるという価値である。しかし、開学の当初の頃は、働きながら学ぶという就学方式は、学ぶ本人にとって大きなハンディキャップとなるだろうと考えていた。

実際に就業している学生の負担は尋常なものではなかった。私が担当した最初の年にこんな事件があった。5月か6月だったと思う。突発事故が起こって当日になってから休講が通知されるという事態が起こった。学生たちは怒りに燃えて、この突然の休講を利用して、皆で飲みに出かけることになった。皆は以前と同じように飲み始めた。そしてそのうちに、一人の学生が倒れて、救急車が呼ばれるという事件が起こったのである。

この学生は金融業界で働いていた。ＭＢＡを受講する前はほとんど毎日のように職場の同僚や顧客と飲んでいたが、ＭＢＡが始まってからはまったく飲まなくなってしまっていたことを忘れていた。久し振りに飲んだにもかかわらず、昔と同じペースで飲んでしまったので急性アルコール中毒になってしまったのである。ＭＢＡに通い始めてからは、自宅で酒を飲む余裕すらなくなっていたのだ。

こんなエピソードも聞いたことがある。この学生は、会社の人事部そして上司からはＭＢＡに通学する許可をもらっていたが、午後6時30分に神戸大学の六甲台キャンパスの教室に到着するためには、大阪の職場を5時ちょうどに出なければならなかった。まだ同僚たちが仕事をしている時間帯だ。同僚たちに「ＭＢＡに行くから出ます」とは言いにくい。そこで彼は、職場のハンガーに背広をかけたまま職場を離れるという方法を取ることにした。皆にはまだ職場にいると思ってもらえるようにするためだ。冬はどうしていたのだろう。

これらのエピソードを聞くと、働きながら学ぶというのは学生の負担が大きく、ハンディキャップだと考えられるかもしれない。しかし、学生諸君の言動を見聞きしていると、働きながら学ぶということは、ハンディキャップばかりではない。このように私は感じるようになっていった。それどころか、仕事を休んで就学するのとは違うプラスの効用がいくつかある。働きながら経営学を学べば、すぐに実践できるので、問題を深く考えることができ、現場のノウハウの理論化をうながすことにつながりやすい。

実践を通じた学習の深化

先に述べたように働きながら学ぶことの第一の効用は、学んだことをすぐに実践できることである。これは、最大の効用であり、実践してみることによって、理論の正しさを実践的に検証することができる。ＭＢＡで学んだ最新の手法を職場に応用してみれば、その手法が実際に効果を生むかどうかを知ることができる。効果があるときには、その効果はすぐに職場に還元される。それだけではない。期待した効果が生み出されないとすると、「それは、なぜなのか」を考えることもできる。

こうした学びを通じて、１つひとつの手法が通用する範囲はどのようなものかにも気づき、その手法の限界を知ることができるようになる。この実践の結果は、学術的にも有用である。理論の検証と改善のための貴重なデータを得られるからである。

働きながら学ぶことの第二の効用は、問題をより深く考えることができることである。働きながら学んでいる人は、問題を観念的にではなく、自分の職場に当てはめて考えることができる。そうすると，問題を定式化するにあたって考えなければならない周辺条件に自然に気づく。「選択と集中」は経営戦略の基本であるが，職場に身を置いている人は，授業で「選択と集中」の話を聞くと，自分の職場でなぜ選択と集中ができないのかを自然と考えてしまう。そのための本当の障害は何かに気づく。事業からの撤退に，命がけの抵抗を示すであろう事業部長を説得するには何が必要かを考えることになる。誰が事業部長を説得できるかも当然考える。さらに担当者の抵抗を排除するためには何が必要かも考える。

働きながら学ぶ人は，このように具体的文脈の中で問題を考えることができる。それだけではなく，問題解決の方法の適切さをより実態に即して捉えることもできる。また，一般的な方法として提示されている解決策が，自社で効果を持つかどうかを振り返ることによって，その解決策の有効性を考えることができる。

経営学を学ぶ上では，具体的な問題状況を想定することが欠かせない。このことはケースメソッドの手引きでも強調されている。だが働いている人は，ケースを用いなくても，抽象的な問題をも具体的に捉えることができる。具体的文脈で捉えることができれば，問題をより多面的に捉えることができる。彼らには，ケースを読む時間は不要であるし，ケースよりももっと具体性のある現実がある。問題とかかわるものが何かに気付くこともできる。現実的な問題解決の方法を考えざるを得ないのである。

ＢＪＬ

働きながら学ぶことの第三の効用は、現場の実践に理論的理解を持ち込むことができることである。現場で働く人たちには、先輩たちからさまざまなノウハウが伝授される。大学で理論を学ぶことの効用は、このノウハウがなぜ効果を持つのかの理解を深めることにある。私は、このような理論的知識を「ノウハウ（Know how）」ではなく「ノウホワイ（Know why）」と呼んでいる。理論的理解をすることによって現場のノウハウを、自信を持って実践することができるようになる。同じようなやり方をしても効果がある場合と、効果がない場合とがあるのはなぜかも理解できるようになる。

神戸大学ＭＢＡでは、このような効用を持つ学習の方式をバイ・ザ・ジョブ・ラーニング（ＢＪＬ）と呼んでいる。ＢＪＬはＯＪＴとＯｆｆＪＴの単純な折衷形態ではない。仕事をしながら大学あるいは大学院で、基礎的な学習を行うことから生み出される相乗効果を狙った学習の方式である。先の第一の効用に注目すれば、ＢＪＬは真のアクション・ラーニング（自ら行為することによって学習を深める方法）だと考えるべきである。ＢＪＬは、その学術的な効用に注目すれば、アクション・リサーチ（現実の問題解決に参画することによって研究を行う方法）の１形態だともいえる。ＢＪＬはアクション・ラーニングとアクション・リサーチの融合形態なのである。

3つの工夫

神戸大学ＭＢＡでは、ＢＪＬのプロセスを活性化するためにさまざまな工夫が積み重ねられている。その中で私が重要とみるのは、次の３つの工夫である。第１の工夫は、私たちがプロジェクト方式と呼ぶ、独自の学習の方式である。これは、学生が職場で直面している共通の問題の解決策を、共同して考えるという方法である。それによって、現場の問題への理解を深めつつ学習を促進し、より有効な問題解決をはかることができる。神戸大学ＭＢＡでは、プロジェクト方式による教育コンテンツを多面的に提供しており、２つのプロジェクト研究と、修士論文の指導が行われている。

まずは、ケース・プロジェクト研究であり、共通の問題に対して模範となる企業を学生が探し出して、その企業を訪問したりしながら実践方法を学ぶ。次は、テーマ・プロジェクト研究であり、チームの共通テーマについて、優れた活動をしている企業を見つけ出し、その企業へのインタビューを通じて、効果的な解決策を探る。この2種類のプロジェクトでは、本学を修了した先輩や学内外の学識経験者へのインタビューも行われる。さらには、修士論文の指導を行う演習がある。チーム作業となる先の２つのプロジェクト研究とは異なり、学生一人ひとりをベースに、職場で直面している問題の解決策についての研究を進める。

第2の工夫は、応用的な理論だけでなく、基礎的な理論の教育を重視していることである。

経営教育がそうならざるを得ない理由を説明しよう。経営という活動は，現実の人間の行動と深くかかわる文化的な現象である。そこにあって学生が確固とした持論を築くためには，抽象的な理論にまでさかのぼって現象を理解することが不可欠である。

神戸大学大学院経営学研究科では，研究者を志望する大学院生たちの教育も行っている。この研究者養成の一般大学院の主要科目の一部をＭＢＡコースの学生も受講するように指導している。基礎的な科目は，一般大学院の学生にとっては研究活動のための基盤をつくるという機能を持っているが，ＭＢＡの学生にとってはＢＪＬの重要な要素となる。

私は，実践と理論との往復運動の振幅が広ければ広いほど，ＢＪＬの学習効果は大きくなると考えている。神戸大学ＭＢＡでの成果を見るかぎり，これは期待通りだったと思う。こうした工夫を実践するためには，教育を行う側の工夫も大切だ。私は，ＭＢＡの授業やゼミで抽象的な理論を学ぶときには，「この理論はあなたの職場に通用しそうですか」という問いかけをするようにしていた。基礎理論を重視するという第2の工夫を具体化したのが神戸大学ＭＢＡの講義体系であるが，神戸大学ＭＢＡはその意味において極めて理論志向である。

この側面を表現するために，「研究を基盤とする教育」というスローガンが，神戸大学ＭＢＡでは語られることがある。先述したように神戸大学ではＭＢＡコースは，研究者養成の一般大学院とのシナジーを生み出すように運用されている。「正しい理論ほど役に立つものはない」というのが，神戸大学ＭＢＡ並びに博士課程の信念である。日本のＭＢＡの多くは，文部科学省の指導に従って自らを「経営大学院」あるいは「経営管理大学院」と呼んでいるが、神戸大学では昔から「経営学大学院」と呼んできた。日本で最初に経営学が講義された大学であり、日本で最初の経営学部が設置された大学としての矜持である。

第3の工夫は、修士論文の重視である。これも、かつての文部省のルールでは専門職大学院では修士論文は課すべきではないという方針が示されたこともあった。しかしこれは間違いであると、私たちは信じている。

経営学では、理論の対象となるのは実践であり、その意味で理論は実践とは別物ではない。正しい理論は実践にも役立つ。修士論文は学術的な視点から評価されるが、実践を学術的な視点から深く考えることは、実践を妨害するものではない。それどころか、この視点は、実践の改善に役立つ。「理論は、現場では役に立たない」という人が時々いるが、正しい理論ほど役に立つものはないことを強調しておきたい。

神戸大学MBAの修士論文は学術的な視点からも評価されるが、加えて独自の評価基準がある。問題の立て方が実践上の問題を反映したものであるかが吟味される。

講義体系

神戸大学MBAの講義は、大きく3つのグループに分けられている。

第1のグループは、MBAコースのコアとなる講義科目群であり、マーケティング、ファイナンス、財務会計、管理会計、技術経営、ジェネラル・マネジメント、経営戦略、人的資源管理、経営管理、組織行動など、世界の主要大学のＭＢＡコースと共有する科目である。これらのコア科目では、ケースメソッドなどを使った対話型の講義が基本となる。神戸大学ＭＢＡでは、コアの科目は実質的な必修科目として開講されており、１年次に受講するように推奨している。なお、その後の神戸大学ＭＢＡのコア科目については２０１７年度に再編成が行われ、グローバルなビジネス教育の変化を踏まえた体系化がはかられている。

第２は、ビジネス・コミュニティで話題になっているトピックスを扱う非コア科目である。コア科目がほぼ必須科目で毎年開講なのに対して、非コア科目は随時開講で選択制である。講義要綱を取り寄せてみると、２０１７年度には、経営倫理（國部）、ビジネスエコノミクス（松井）、ネゴシエーション（金井・奥村）、サービスイノベーション（伊藤）、経営史（平野）、マーケティングリサーチ（南）などの科目が開講されていた。

第３のグループは、神戸大学ＭＢＡの売り物のプロジェクト方式による演習科目である。ケース・プロジェクト研究、テーマ・プロジェクト研究、現代経営学演習（修士論文研究のためのゼミナール）の３科目があり、いずれも必修である。ケース・プロジェクト研究では、指導教員が定めた課題のもとで、その最適解をめぐりＭＢＡ生のチームが競い合う。テーマ・プロジェクト研究では、取り組むべき課題についてもＭＢＡ生たちが設定し、チームでその成果を競う。修士論文では、学生個々人が、自身の職場とキャリアを踏まえた研究課題を見定め、蓄積された先行研究、そして最新の分析手法を踏まえて、自社への建白書となるような研究を目指す。そのための演習を担当するのは毎年５人の教員であるが、学生たちは各分野の他の教員にもアドバイスを仰ぐことができるように制度化している。ＭＢＡの修士論文の作成と評価にあたっては、一般大学院の学生の論文とは異なった基準が適用される。一口で言えば、実際に働いている学生だからこそ書くことのできる修士論文が理想とされる。それは、働いているから感じる問題を、大学で学んだ理論と身近な経験やデータを用いて解決する論文である。

そのほかにも神戸大学ＭＢＡの学生は、アカデミックな研究者としてのキャリアを志向する大学院生のための講義課目を受講することも可能である。経営学の主要分野の古典、代表的な研究書や学術論文を読破し、背景や経緯を踏まえて経営学を理解する基盤をつくるための科目、さらには数学、統計学、質的方法論といった経営学研究に用いられる主要な検証や分析の方法論にかかわる科目が用意されている。

以上のような教育コンテンツから成る神戸大学のＭＢＡで学んだ学生たちは、何を達成し、どのような展望を新たに得たのだろうか。第２部では、11人の受講生にその経験と成果を語ってもらう。

第2部

MBAで学んだ ヘルスケアの経営学

第2章

MBA体験からのヘルスケア産業への提言

加護野忠男

本書の成り立ち

第2部の以下の章では、神戸大学MBAの修了生たちに経験談を語っていただくとともに、彼らの修士論文をもとにしたヘルスケア産業への提言を紹介していく。彼らの出身大学や職務経験、性別や生き様はさまざまである。その中での共通点は、医療・医薬関連の各種の組織で働く中で神戸大学においてMBAを取得した人たちだということである。

本書の執筆にあたり、参加いただいたみなさんには、次の4点についての経験を語っていただきたいとお願いした。

①　なぜMBAで学ぶという決断をしたのか。
②　たくさんのMBAコースの中から、なぜ神戸大学MBAを選んだのか。
③　初年度の2つのプロジェクト研究では、どのようなテーマでどのようなケースを取り上げ、いかなる結論を導いたのか。
④　修士論文では、どのようなテーマでどのような研究をしたのか。
⑤　MBAを修了して何が変わったのか。

みなさんの最初の原稿は力が入りすぎていて大変長いものになってしまい、1冊の本には収まり切れないので短くしていただいた。かなり長い修士論文を短くするのは大変な作業であっただろう。忙しい皆さんに無理なお願いをしてしまったことを反省している。

みなさんの文章を読んで、編者として手を加えたいところや統一したいところもあったが、修正は明らかな誤りや説明不足と思える部分だけにとどめ、それぞれの文章と執筆スタイルを最大限生かし、みなさんの個性を尊重することにした。多様な個性こそ神戸大学ＭＢＡの大きな特徴だと考えたからである。

このプロジェクトへの参加メンバーの所属企業の中には、社外で文章を発表するにあたって、事前に文章を提出して会社の承認を得なければならないというルールのある会社がいくつかあった。企業としてのリスク管理を考えれば、当然のルールであろう。このルールに抵触しないようにしながら、みなさんに自由に書いていただくために、最終的に希望者には匿名での執筆を認めることにした。また、勤務先の会社が特定できるような内容の叙述は避けるという方向で文章をまとめていただいた。その代わりに、それぞれの章の筆者がどのような方かをイメージできるように、簡単な紹介を各章の冒頭に書いていただくことにした。

第2部への解題

続いて、第2部のそれぞれの章をどのように読んでいただきたいかについて、私なりの解題を進めて行くことにしよう。なお、各章のタイトルについては、みなさんの修士論文のテーマをベースにしている。

第３章　ＭＲチームの組織変革をうながす

第３章の筆者は、日系製薬メーカーで15年にわたってＭＲとして働いてきたというキャリアを持つ。ＭＲの重要な仕事は医師に対する医薬関連情報の受発信である。しかし、それだけであればインターネットに取って代わられる危険もあると筆者は危惧する。ＭＲの仕事は、医師との接触を通じて、組織学習を行い、その結果として、ドクターとより質の高いコミュニケーションを行えるようになることにある。神戸大学ＭＢＡの修士論文では、センゲ（Senge, Peter）の組織学習理論をもとに、ＭＲの２種類の自尊心がチーム学習、システム思考、共有ビジョンという組織学習の構成要素に及ぼす影響が分析されている。この章では、１年目に受講した講義科目で何を得ることができたかが書かれているので、神戸大学ＭＢＡの講義科目のエッセンスを知っていただく手掛かりにもなるであろう。

第４章　ユーザー起点の医療機器開発

第４章の筆者は、市民病院に勤務する傍ら医療機器のベンチャーを立ち上げた麻酔科医である。２００２年に医学部卒業後、ECFMG Certificate（米国医師免許）を取得。アメリカのエモリー大学で止血・凝固の基礎研究に従事し、独特の病院経営で知られるクリーブランドクリニックで肝臓移植手術の麻酔に従事したというユニークなキャリアを持っている。２０１１年に帰国して、神戸大学ＭＢＡを修了。その後は市民病院に勤務する傍ら、医療現場起点の医療機器開発、企業との医療機器共同開発を推進している。２０１２年に株式会社MED-SEEDSを起業。神戸国際医療交流財団研究員を兼務している。

神戸大学ＭＢＡの修士論文では、自らの経験をもとにユーザー起点の商品開発の優位性を情報の粘着性仮説から説き起こしている。情報の粘着性仮説とは、ＭＩＴのスローンスクールのフォン・ヒッペル教授が提唱している理論で、なぜユーザー起点のイノベーションが優れているかを説明する理論である。神戸大学ではフォン・ヒッペル教授の弟子である小川教授が、この理論をもとに内外の商品開発のプロセスの研究を行っている。

第５章　大手製薬会社と創薬ベンチャーの協業

第５章の筆者は、日系製薬メーカーに勤務する女性である。神戸大学ＭＢＡに来るきっかけになったのは、社内の異動である。研究開発部門からベンチャーとの協業を行う部門に異動になった。神戸大学ＭＢＡの修士論文では新しい仕事での基本問題、つまりベンチャーとの協業をうまく行うにはどうすればよいかという問題に取り組んでいる。

第６章　バイオクラスターにおける創薬イノベーションの形成要因

第６章の筆者も、日系製薬メーカーに勤務している。この筆者は、研究開発部門から人事への異動をきっかけにＭＢＡで学ぶことを決心した。神戸大学ＭＢＡの修士論文では、バイオクラスターにおける創薬の活性化の方法を探っている。具体的なリサーチサイトとなったのは、神戸市のバイオクラスターである。神戸市のバイオクラスターはまだ創薬の実績に乏しい。実績を上げるためには、組織の境界を超えた相互作用における偶然の出会いが重要であることが指摘されている。

第７章　創薬におけるアカデミアの役割と課題

第７章の筆者は、国立大学の医学部の准教授である。教育と診療に忙しい時間を縫って新幹線通学しながら、神戸大学ＭＢＡで学ばれた情熱には頭が下がる。今も博士課程で博士論文に挑もうとしておられる筆者のさらなる成功を祈っている。神戸大学ＭＢＡでの修士論文は、創薬におけるアカデミアの役割についての研究である。アメリカと比べると、日本のアカデミアの創薬への貢献は小さい。その貢献をさらに大きくするには、大学、創薬ベンチャー、製薬企業の間の雇用流動性を高め、大学と企業とのネットワークを強化する必要があるとともに、アカデミアの側でも、自分たちのシーズをビジネス・コミュニティーにうまく説明する能力を高め、企業側では、アカデミアの研究を評価する能力を高める必要があると結論している。

第8章　新薬の販売段階における提携の形成要因

第8章の筆者は、管理職への昇進を機会にMBAで学ぶことを決意した女性である。彼女も社内キャリアについては創薬のための研究開発の仕事が長い。神戸大学MBAの修士論文では、提携の形成要因の研究をしている。この分野での先行研究を丹念にレビューし、企業にとっての戦略的な重要性、既存事業との関連性、技術への精通度、市場への精通度などの要因が、新薬の販売を自社のみで行うのか、提携で行うのか、という選択に影響するという枠組みで研究を進め、データで確認している。筆者は、MBA取得後、社内で提携を実践する部門に異動している。

第9章　医薬品の探索研究段階におけるプロジェクトマネジメント

第9章の筆者は、日系製薬メーカーの新化合物探索部門に勤務している。この筆者は、神戸大学MBAの初年度のテーマ・プロジェクト研究において気づいた問題を、修士論文のテーマにして掘り下げている。創薬段階でのプロジェクト・マネジャーの役割を研究し、どのような行動がメンバーの創造への意欲を高めるかを追求している。この章では、神戸大学MBA1年目のケース・プロジェクト研究からテーマ・プロジェクト研究、さらにはその後の修士論文研究を通じて筆者が何を学び、それを次の段階でどのように掘り下げていったかが書かれており、神戸大学ＭＢＡのプロジェクト方式を通じて思索がいかに深められていくかについての実例を知っていただくことができる。

第10章　医療用医薬品の市販後における価値拡大

第10章の筆者は、外資系製薬メーカーでのＭＲ、マーケティングチーム、メディカルチームで働いたというキャリアを持っている。世界的に見て大手製薬企業による新薬の上市は減少傾向にある。このような環境のもとでは、すでに上市した医薬品の価値を高めるという、アフターマーケットにおける企業活動が重要になる。筆者は、神戸大学ＭＢＡの修士論文でこの問題を取り上げ、医療情報の流れと移転についてのインタビュー調査を進めている。

第11章　研究者をマネジャーに育てるために何が必要なのか

第11章の筆者は、神戸大学ＭＢＡ受講の段階では内資系製薬会社の人事部門に所属していた。この章では、ＭＢＡでの学びに至るまでの経験が詳しく書かれている。この筆者の場合も、社内での異動がＭＢＡの門をたたくきっかけになっている。修士論文では、研究者から管理者へ転身するときに、どのような問題に直面するか、そしてそれをどのように乗り越えているかを、社内の転身経験者14人のインタビューをもとに調査し、その結果が、キャリアトランジションの理論をもとに分析されている。筆者はＭＢＡを取得後に転職しており、その心情が最後に書かれている。第1章で述べたように、神戸大学ＭＢＡは転職を促進するためのものではないが、ＭＢＡ取得後に転職する人がいないわけではない。このような人たちがなぜ転職という道を選んだかを知っていただく手掛かりになるであろう。

第12章　次世代リーダー育成

第12章の筆者は、外資系製薬メーカーに勤務している。神戸大学ＭＢＡの修士論文では、この会社が導入したシックス・シグマに焦点を絞り、リーダーの育成のために何が必要かを考察している。シックス・シグマは、日本のＴＱＭのアメリカ版であるが、両者の焦点は異なっている。日米の経営思想の違いを反映したものとなる。日本では、全員参加が焦点となっているが、アメリカではリーダー育成が焦点となっている。この論文はシックス・シグマのリーダー育成の手法としての性格に注目し、シックス・シグマの参加者や支援者のインタビューからリーダーの育成には何が必要かを追求する。

第13章　医薬品企業のコーポレート・ガバナンス

第13章の筆者は、現在は分析機器メーカーで働いているが、製薬業界での勤務経験もある。これまで多くの研究者によって製薬業界にはファミリーがガバナンスを行っている企業が多いことが指摘されてきたが、神戸大学ＭＢＡの修士論文では、なぜそうなるのかという疑問に答えようとしている。ファミリー企業の関係者へのインタビューから、ファミリービジネスの長短が明らかにされ、それが本当に成り立つかどうかがファミリー企業のデータをもとに確認されている。この章では、同じゼミの仲間に対する謝辞が述べられている。これを読んでいただければ、神戸大学ＭＢＡのゼミがどのような人々によって構成され、ゼミでどのような活動が行われているかを知っていただくことができるだろう。

第２部の各章は、日本の医療と医薬にかかわる各種の組織が直面している戦略的な課題について、神戸大学ＭＢＡで学んだ人々が何を提言してきたかの記録と見ることもできる。その意味で、多くのヘルスケア産業にかかわる人たちが、これらの各章から、さまざまなかたちでの次なる取り組みのヒントをつかまれんことを期待している。ＭＢＡの成果はそこで学んだ人たちだけのものではない。

第3章

MRチームの組織学習をうながす

白壁武幸

1　なぜMBAを目指したのか

1-1　MRをとりまく医療環境の変化

私は内資系メーカーのMRとして15年間キャリアを積み上げてきた。製薬業界は医療保険制度や薬価制度、研究開発の難しさなどのユニークな特徴をもつ業界である。商品やサービスの価値は、商品そのものの特性だけでなく、各種の要素から形成されている（D.T. Teece, "Profiting from Technological Innovation," *The Competitive Challenge*, Ballinger, pp.185－219, 1987)）。顧客にとっての商品の価値は、商品そのものの特性（性能、品質、デザイン）に加えて、価格や支払い方法、購入や破棄の利便性、アフターサービスやブランドなどによって決まり（J. Kay, Foundations of Corporate Success, Oxford University Press, 1993)）、たとえ商品特性が優れていたとしても、顧客にとって高い効用をもつとは限らない。医療用医薬品は商品特性が商品価値の大部分を占めていると見られがちだが、周辺的価値の重要性は医療用医薬品にとっても例外ではない。

医療用医薬品の商品価値の一部は、開発・発売後の営業活動の中で付与される。不幸な事例ではあるが、過去にはいくつもの薬害問題が起きている。開発段階では未知の副作用によって、市販後に健康被害が生じ、販売中止や各種訴訟につながるケースである。ここで、市販後の営業活動の中で、的確な情報収集と情報提供がなされていたならば、被害はどのようなものになっていたのであろう。

あるいは、２０００年代の高血圧治療においては、ＡＲＢ製剤のシェアが米国では30％なのに対し、日本では80％のシェアとなっている。これは営業活動次第で、同じ薬剤であっても、医療関係者への受け入れられ方が異なることを示している。

このように製薬企業においては、営業従事者である医薬情報担当者（ＭＲ）の活動が極めて重要な役割を担っている。商品そのものの特性も重要であるが、ＭＲの活動による商品情報の受発信の位置づけは高い。

さらに近年では、医療費増を受けた医療費抑制政策の中での後発品の使用推進、人口の都市集中化にともなう人口の地域格差、あるいは医師不足による医療崩壊など、医療を取り巻く環境は厳しさを増している。特に医薬品産業においては、医療費抑制政策による薬剤費削減の影響が大きい。これは、ＭＲにとっての問題に置き換えると、担当先の病院がある日突然、後発品へと替えることを決定したり、急に医師が退職してしまったりといった事態であり、ＭＲ個人ではコントロール不可能な状況も散見される。ＭＲにとっては、いくら顧客満足度を向上させても、自身の業績評価につながらないという問題が発生したりする。

以上のように、製薬メーカーのＭＲという立場は、医療環境の変化の影響が個々に異なるため、一律の取り組みにて対応していくことは困難な時代になってきている。一方で、MR同士の成功ノウハウの共有や、組織的な取り組みなどは非常に有用な手段であるため、全社統一ではなく、チームなどの単位での組織づくり、組織変革が求められている。

１－２　迷うなら、まずはやってみよう

私は大学では薬学部で学んだ。薬学部卒業者の進路には大きく分けて、薬剤師と企業という選択肢がある。私は、企業に就職するのであれば、より大きな会社に行きたいと決めていた。私は元々こういう考えであり、今の自分が働く会社がより大きくなって欲しいという気持ちが強い。そして大きな会社では、売上だけでなく、組織としての質が高いことも当然だと思う。そういう意味で、ＭＲもチームも組織も一流でなければならないと思う。私の場合、この考え方がＭＢＡで学ぶ動機となった。

営業の叩き上げで、営業所長になり支店長になるというのもいいと思ったが、ただ単に営業が優秀でその地位を獲得するのか、またはさまざまな理論や戦略を構築したことを認められてそこに至るのかでは、やはり後者を選ぶべきであろうと思い、その１つのステップとしてＭＢＡでの学びがあると考えた。

何かを提案するたびに、「それは○○がやってるやり方だよね」とか「それは以前に提案があったけど却下になったよ」と言われてしまうことは避けたい。そのためには、多くの経験や

知識に触れていないといけないが、どのように反対意見を言われても、理路整然と説明したり、反論したりする準備ができていないと、いかに優れた提案でも死んでしまう。そこで1つのステップとしてMBAで一通りの経営理論を学ぶことによって、自分に何が足りていないかを確認したいと考えた。また、多くの時間を使うことはわかっていたので、学びながら常に現場にどのように活かしていくかを考えることができるスクールが、あまり多くの時間が残っていない立場としては効率がよいとも考えていた。

私の周囲には、既にMBAで学んでいた先輩や、他業種から転職してきた同僚などがいた。そのためMBAとはどのようなものであるか、どのような期待に応えてくれるのか、逆にいかにすばらしいスクールでの学びがあっても、最終的には現場で解決を行っていくのは自分自身であることなどもよく理解していた。これは私の性格なのだが、思いついて、迷うぐらいであれば、まずはやってみよう。経験してから判断すればよいという考えで、思いきってMBAの受験に挑戦することにした。

最終的には、自社が売上規模に加えて、質的にも世界のトップクラスになるために、組織変革、あるいはヒトをどのように動かしていけばよいかを、きっちりと論理立てて説得、推進できる力を養うことが必要だと考えた。なぜ、トップクラスがよいと私が考えるかというと、自分が所属している会社が世界の最高ランクにあると誇りが持てるからである。医薬産業は、たった1つの物質で多くの患者の人生を明るく転換でき、その小さな物質1つが年に1000億円を超えるような巨大な売上げをもたらすこともある、本当に魅力のある業界であり、今後も形を変えながら成長していくであろう。その中で自社が世界の先頭に立っていることは想像するだけでも楽しい。

また医薬企業の経営は、薬価制度や医療制度などに大きく左右される一方で、ＢtoＢの企業のなかでも顧客の専門性が非常に高く、個性と独特な世界観を相手にしている。その中で自社が、そして自身が、求められるようになるためには、自らが考え、行動していかなくては太刀打ちできない。一方で医薬産業の営業には、古い風習がまだ残っている部分があったが、それらも規制改革などを通じて撤廃されていく方向にある（接遇の禁止や、透明性ガイドラインなど）。その中で私は、規制の変革が進んでも、厳しくなっていっても、堂々と新しい働き方を実践できている集団で自社があり続けていく必要があると考えていた。

2　なぜ神戸大学ＭＢＡを選んだか

神戸大学ＭＢＡが私にとって魅力的だったのは、金曜日の夜間と土曜日の終日を中心としたでカリキュラムが組まれていることだった。これは、仕事をしながら、きっちりと学ぶことができるカリキュラムだと思った。そして、ＭＢＡで学んだこと、現場での日々の問題点をオーバーラップして考えることの重要性に真剣に向かい合おうとしている姿勢が、カリキュラムや独自の授業内容の中に感じ取れるスクールだった。

さらにいえば私は、30歳代前半に異業種交流会に参加していたことがあった。そこで初めて神戸大学MBAについて知る機会があり、「MBA＝神戸大学」という認識をもっていた。神戸大学は日本の経営学の発祥の地である大学である。そして日本を代表する教授陣を有し、座学にとどまらないプロジェクト方式の教育メソッドを確立している。私が学びたい本物のMBAだと思った。

せっかく学ぶのであれば、一流の教育を受けたい。誰にも胸を張って言える教育を受けたい。そのためであれば、厳しさを恐れていては自身の成長は望めない。当時の私がこのように考えていたことが、神戸大学MBAを目指した理由である。

3 神戸大学MBAでの学び

神戸大学MBAのカリキュラムは、経営の各分野の講義と、学生が個人やチームでビジネスの問題解決に向けた提言に取り組むプロジェクト研究によって組み立てられている。講義系とプロジェクト研究系のそれぞれにおいて複数の科目が用意されており、それらは相互に補完し合う内容となっている。そして、それらを次々と学んでいくことによって、経営の全体を俯瞰するとともに、マネジメントの実践にかかわっていく能力を磨くことができる。以下では特に私の印象に残っている科目を紹介していく。
まずは講義系の科目のいくつかを紹介する。

○ゼネラルマネジメント（三品和広教授）

神戸大学MBAで、私にとって最も印象に残っている講義である。非常にたくさんの課題が出され、討論形式で講義が進められていく。どのようなゼネラルマネジャーが、なぜ優れているのか、凡庸な人たちとの違いは何かを、さまざまな角度から考え、学ぶ。そんな講義にワクワクしながら毎週のぞんだ。自らがマネジャーとして仕事に取り組むときに大切にすべき心づもりや姿勢などを鍛えることができた。

その中でも特に印象に残っており、今でも大切にしている命題は以下である。

① 少ない情報やデータからでも正しい判断・決断をすることができるのが、優れたマネジャーである。

② 自分一人ですべてができるわけではない。普通の人をヒーローにすることがゼネラルマネジメントの仕事の1つである。

③ 水を差すことを恐れてはならない。うまく水を差せば、周囲の人たちの思考の転換がうながされる。植木鉢の植物によい水を差すには、どのタイミングで、どのような水をどれくらい注ぐべきか。マネジャーは、こうした思考回路も養うようにしなければ

ならない。
④　リスクは、待たずに自分からとりにいく。
⑤　わざと不完全を放置する。考えない人間には価値観を入れこめない。
⑥　カオスの淵に自分を追い込む。ちょっと押されたら落ちてしまうポジションに立つことで人間は鍛えられる。

○組織行動（金井壽宏教授・高橋潔教授）

組織行動論とは、リーダーシップ、キャリア、モチベーション、コーチングなど、ヒトが働くことに関わるさまざまな問題を取り扱う学問分野であり、特にコーチングによる変革は、私にとってすぐにでも使えるものだったので、職場で実践してみた。

何を行ったかというと、職場のチームメンバーを対象に私がコーチングを行うとともに、私が直接コーチングを行った2名に社内のMRを対象にコーチングを行ってもらった。コーチングを受ける経験と、コーチングを行う経験を、職場での業務のなかで同時に与えることを企画したのである。その結果として、意識の変革が生まれたメンバーは誰か、それは何に反応しての結果であるかを見ることで、コーチングを私が実践する上での勘所についての理解が深まった。さらには学習能力やモチベーションが高く、将来の伸び代が大きいのはどのような人材かをつかむ手がかりを得た。

また金井教授の持論であるキャリアにおける「一皮むけた経験」に注目することで、組織メンバーのキャリア形成にはさまざまな刺激や変化や挑戦が必要なことが見えてきた。この気づきは、職場で私が日々接する人たちへの対応を見直すことにつながった。『仕事で「一皮むける」』（金井壽宏、光文社新書、2002年）は、入社初期段階の配属や異動、初めての管理職経験、新規事業や新市場のゼロからの立ち上げ、海外勤務、悲惨な部門や業務改善の経験、プロジェクトチームへの参画等々の44の一皮むける経験を11種類に分類し、解りやすく解説している。

○マネジメントコントロール（三矢裕教授・松尾貴巳教授）

バランスト・スコアカード（BSC）は、企業や事業の戦略の全体像を見るためのよいツールである。経営理念にもとづく組織統合や組織マネジメントを進める上で必要な思考や考察を効率的に進めることができる。

またこの講義では、京セラの創業者の稲盛和夫氏が実践の中での試行錯誤から編み出した「アメーバ経営」について、科学的な研究を踏まえた解説を、その第一人者からの熱いメッセージと共に受けることができたことが、今でも忘れられない。

○環境経営（國部克彦教授）

企業が社会のなかにあって、何のために存在しているのか、この認識を磨くことの重要性について、私は環境経営という学問から学んだ。そこで私は、経営倫理という、一見すると職場での日々の実践には縁遠いように思える問題が、ビジネスにおいていかに重要かの理解を深めた。

自社分析を行い、企業の社会的責任（ＣＳＲ）が自社の経営において欠かしてはならない課題であることを振り返る機会を与えられ、目から鱗が落ちる思いをした。これがビジネスの基本なのであれば、損得勘定だけではない、ロマンに満ちたチャレンジがビジネスなのだという認識が生まれる。そしてこれは、社会のサステナブルな発展への寄与にもつながる。

環境経営がそのまま商機に結びつきやすいエコカーや、太陽光パネルなどとは違い、医薬品産業では、環境経営がどのように業務や業績につながるかが見えにくい。しかし、環境経営とは、社会の持続可能性を高めることに貢献する経営なのだと気づくと、医薬をはじめとする生命関連産業にも多くの可能性があることが見えてくる。そのためには、自社が社会に貢献する道筋を簡潔に示す理念、そしてそれを日々の行動にブレークダウンし、社内で共有していく価値観や行動規範の確立が大切であることへの認識を深めた。よい意味での愛社精神が育まれた講義だった。

続いて、プロジェクト研究系の科目を紹介する。プロジェクト研究系の科目には、チームで問題解決の提言に取り組む「ケースプロジェクト研究」と「テーマプロジェクト研究」、そして個人による修士論文執筆の指導を受ける「現代経営学演習」の３つの科目があった。

○ケースプロジェクト研究（三品和広教授）

ケースプロジェクト研究では、入学時に６名のチームが大学側で編成されており、学生は指定されたチームに所属する。私たちに与えられた課題は「プロコリア（親韓国）」。当時は韓国企業の台頭が注目を集めていた。こうした韓国企業との連携で業績を高めている日本企業のケースを見つけ、経営上のインプリケーションを引き出すことが、私たちの年度のケースプロジェクト研究の課題だった。

私たちのチームは、車輌用蓄電池の正極材メーカーを取り上げ、約４ヶ月のプロジェクトでは、文献調査や対象企業へのインタビュー調査などを行った。チームメンバーは全くの初対面であり、業種も、キャリアもさまざま。しかも遠方から通学するメンバーが多かった。顔を合わせて話し合いができるのは、土曜日の講義の後が中心であり、後は平日にスカイプなどを用いたウェブ会議でプロジェクトを進めた。このようなプロジェクトを体験したことで、私は「チームビルディングの難しさ」と「よりよい展開のために、水を差すのは難しい」ことを学んだ。

チームビルディング、そして提言に向けた活動という2つの取り組みを、同時平行して進めていこうとすると、たいへんなことになる。このことを、ケースプロジェクト研究がはじまってしばらくしてから気づいた。さまざまな事案が飛び込んでくるたびに、メンバー個々の持ち味が発揮される。話し合ったら必ず何かしらの成果を出す必要がある。なぜなら、その話し合いに時間と手間を投資しているからである。しかし、初対面のメンバー同士で反応の様子見をしていると、この投資回収が進まず、デッドストックが積み上がっていく。

会社においてもチームで課題解決に取り組むことはあるが、そこではメンバーそれぞれのチーム内での役割は決まっており、すでに何度も経験している課題への対応が中心である。今回のようにチームビルディングも、取り組む課題も、既存の蓄積が使えない状況でのプロジェクトに取り組んだことで、私は新たな自分自身の可能性を発掘することができた。自分とは違う価値観や経験を持ったメンバーたちの考え方を共感しながら受けとめることが大切であり、そこから新たな気づきを多く得た。

ケースプロジェクト研究が終わった後の反省点としては、もっと早い段階で明確なストーリー（仮説）を複数構築すべきだったと思う。プロジェクトの仮説構築が遅れたのは、チームビルディングのためのメンバー間のコミュニケーションを優先したためである。最終目標は共有していたものの、それぞれの意見やロジックの納得性を支えるのは、当人の経験やバックグラウンドによる部分が大きい。そのため議論が行き詰まると、抜け出せなくなることが多かった。しかし、時間は限られていた。終盤ではロジックを積み上げていくことよりも、都合のよい結論を決めて、それに合わせてストーリーを組み立ててしまった。

また、プロジェクトの過程では、最終目標は何かを繰り返し確認し、限られた時間で今の仮説やストーリーはベストかを問い、依拠している情報は客観的に納得性の高いものか吟味することが必要である。しかしそこにおいて、水を差すことは本当に難しい。さらに、少ない情報やデータからでも、より価値の高い結果を残すためには何を選択していくかの判断ができないとマネジャーは務まらない。このゼネラルマネジメントでの学びの意味を、経験を通じてつかむことができた。

ケースプロジェクト研究の経験を経て、私は会社では、明確なストーリーをより早い段階でチームに示すことを意識するようになった。特に時間が限られている場合にこそ、この対処が必要で、迫る期限に怯えたり、焦ったりすることなく、全体を把握した上で堂々と対応していくことができるようになる。チームのメンバーにとっても、仕事への満足度が高まると思われる。そして、チームを鍛えていくという点でも、ストーリーの共有を絡めたチームビルディングは、新たなメンバーの能力開発にもつながるものであり、今後も実践していきたいと考えている。

○テーマプロジェクト研究（松尾博文教授）

テーマプロジェクト研究でも、私たちは６名程度のチームで、問題解決の提言に向けて約４ヶ月の調査と討議を重ねた。ケースプロジェクト研究との違いは、チームのメンバーは学生たちが自分たちで選ぶことができ、何を問題解決のテーマとするかも学生たちが定める。

同級生たちの中には、まずはチームのメンバーを決めてから、プロジェクトのテーマを模索する者もいたし、先にテーマを掲げ、そこにメンバーを募る者もいた。こうしてチームとテーマが定まっていった。

私は強いチームであれば、どのような課題であっても乗り越えることができると考えていたので、強いチームづくりを優先した。ケースプロジェクト研究とは異なり、テーマプロジェクト研究では、どのようなメンバーであるかを充分わかった上でチームをつくることができた。とはいえ実務では、ケースプロジェクト研究のように見ず知らずのメンバーでチームを組む局面もあり得る。そのような場合には、共通のテーマや目標を早い段階で共有し、チームビルディングの支柱としていくことが重要となる。

さて、テーマプロジェクト研究において私たちは、講義科目の財務会計でチームを組んだメンバーを中心にチームを形成した。このメンバーによる財務会計でのプレゼンテーションは優勝を果たしており、よい議論とよい結果を共有していた。

前回のケースプロジェクト研究のチームは初対面からのチームビルディングを迫られたの

で、お互いの個性の把握にも時間がかかり、チームとしてのまとまりを生みだすのに出遅れた。この反省を踏まえて、テーマプロジェクト研究では、お互いにどのような人物か、どのように協働していけるかの理解を共有しながらチームビルディングを進めることができた。そのためチームとしてまとまるのは早かった。また早い段階で、金曜日の夜と土曜日の講義後にチームで集まり、議論を行うことを皆で決めていたことも、スムーズなスタートを切ることができた要因だった。

また、ケースプロジェクト研究ではメンバーが遠方同士の組み合わせだったこともあり、スカイプなどを活用して議論を進めた。今回も遠方者3人がメンバーにいたのでスカイプの活用も考えられた。しかし、やはり会って議論することが重要だと考え、スカイプは補助的に使用することにした。スカイプなどを用いたウェブ会議のよいところは、遠方同士でも相手先に出向くこととなく、顔を見ながらの議論ができることである。しかし、使用してみた経験でわかったのは、その時間設定の自由さゆえか、会議は開くものの、議論が深まらず、臨機応変な活動の修正につながりにくいということである。

テーマプロジェクト研究では、メンバーが集まり議論を行う日程を、行き当たりばったりで決めるのではなく、早期に定め、優先的に時間をつくるようにした。このように4ヶ月と期間が限定されたプロジェクトにおいては、全体のタイムスケジュールと割くべき時間をより早い段階から明確にし、共有することが有用であり、チームビルディングの観点からも、同じ目標に向かっていくことができた。

そして、ケースプロジェクト研究における私の反省でもある、水を差すのは難しいという課題に関しては、自分の考えに自信をもつと同時に疑問も投げかけるようにすることが、水を差す行動につながると考え、実行した。今回のメンバーは既に相互理解があったため、議論を深める問いを互いに多く投げかけることができた。本当にこれでいいのかを常に問いかけ合うようにすると、早い段階での軌道修正ができた。

自分たちが何を学びたいか、何を知りたいのか。テーマの選定には時間を費やした。あまり研究がなされていないだけでなく、多くの人に興味をもってもらえるテーマということで、身近な問題を取り上げることにしようと、「評価ビジネス」をテーマに選んだ。ランキングや口コミ、評点などは、各種の意思決定に関わっており、それでいて怪しさも秘めている。このような二面性をもつ領域であるからこそ、ビジネスチャンスもあると考えて研究を行うことにした。

評価をビジネスとして行っている企業を対象とした調査だけでは、一方通行になる。評価されている側の企業にも注目して調査を進めた。評価ビジネスに関してはブラックボックスも多い中、取材に応じていただけたのは、チームのメンバーの人脈や、突破力もあったが、何よりも企業側のご理解とご厚意があったからである。あらためて感謝を申し上げたい。

私はMBAで学ぶ目的の1つとして、医療業界ではなくそれ以外の産業とふれ合うことで視野を広めたいと考えていた。テーマプロジェクト研究では、多くの企業を調査でき、チームメンバーにも恵まれ、さまざまな産業の常識、非常識を垣間見ることができた。やはり医療関連の業界はエビデンスに偏っている産業であることを再認識した。

テーマプロジェクト研究では、ストーリーの組み立て方も学びとなった。調査を行うと、個々の企業の魅力的な部分への理解が深まる。しかしそこに引っ張られてしまい、一歩引いた見方や周辺事情との関係、さらにはその企業の弱点をとらえることを怠ると、全体としての奥行きを欠いた結果しか導けない。このことを理解していると、私のように専門知識がないメンバーでもチーム内で、水を差す役割を果たすことができるわけであり、今にして思えば、私がもっと水を差せば、さらによいプロジェクトになっていたであろうと思われる。

そして、テーマプロジェクト研究を進めるにあたっては、早い段階から最終発表のストーリーの根幹となる問い、あるいは仮説を検討するようにした。意外なことに、私も含めてメンバーから出てくる仮説は、単純で当たり前のことしかなく、面白い仮説、問いをつくることはたいへんに難しい作業であることを思い知らされた。

研究をはじめる際には、ぶつかろうとしている問題に関連する先行研究を調査する必要があり、それが早い段階での明確なストーリーの構築につながることを反省させられた。一方でテーマプロジェクト研究では、それぞれの個性を理解した上でチームビルディングを行うと、プロジェクトはうまくいくことを経験できた。このように実務との共通点も多いプロジェクトの乗り切り方を、失敗と成功の体験からつかみとることができるのが、プロジェクト研究の醍醐味だと思う。

○修士論文（高嶋克義教授　高嶋ゼミ）

私の修士論文のテーマは、「組織学習における自尊心の役割」である。医薬品産業は新薬枯渇の時代に入る一方で、医薬の効果には個体差があるなど、絶対的な製品は少ない。情報や信頼関係で製品が選択されることは少なくなく、そのための顧客との関係強化をＭＲが担ってきた。製品そのものよりも提供の仕方で、購買意思決定が変わるケースも多く、多忙であり要求の多い顧客に、より早く、より的確に情報提供を行うことが必要となる。

一方でＭＲが、顧客との信頼関係を構築する上での関係強化の一役を担ってきた接待が２０１２年４月より禁止となり、営業上のアプローチにかんして大きな変革が必要になっていた。そこで信頼関係のベースをＭＲ個人から会社へと転換できれば、永続的な顧客関係強化につながる。したがって組織的なシステム構築をする必要があり、個人学習を通じての対策ではなく、組織学習を推進していくことが重要だと考えた。

顧客との関係構築において、有効な戦略や、ディテールの方法など、常に工夫をしているＭＲは多いと考えられる。その中で、自分の経験を個人学習だけでなく、組織学習へとつなげるＭＲと、そうでないＭＲが存在する。つまり、「こんなによい取り組みは是非、全社で共有するべきである」と考えるMRと、「こんなによい取り組みは、自分だけのものにしておきたい」と考えるMRが存在する。後者の問題は、担当者が交代したり、環境が変化したりすると、個人的に対応している取り組みが基本のため、顧客との関係が途切れることになりかねないことである。

企業としては、こうしたMR個人が培った顧客との関係を組織的に活かしていくようにする必要がある。MR個人の創意工夫は当然のことであり、推奨すべきであるが、これを組織学習につなげていくことが企業としての発展につながる。そこには営業管理の体系や評価の方法、情報を集約するシステムや管理部門などの影響がある。しかし、最も大きな要因となるのは、自分にとってよい取り組みを、組織に広めようとするMR個人の資質や、気持ち、バックグラウンドだと考えた。

以上の問題認識のもとで、修士論文では、組織学習をうながす心理的要因の1つである自尊心に注目し、162名のMR（有効回答152件）へのアンケート調査を行った。

自尊心は、時間の中で変化していくものであり、自分自身の心の持ちようや、他者との関わり合いでも変化することから、学習を通じてコントロール可能な要素である。

自尊心には、随伴的、充足的という2つのタイプがあり、それぞれに性質が異なる。随伴的自尊心感とは、外的な基準に依拠した自尊の意識であり、周囲の評価などから生まれる。充足的自尊心感とは、内的な基準に依拠した自尊の意識であり、本人自身が心の内に養う目標の達成などから生まれる。

私が行ったアンケートの結果を分析したところ，組織学習と相関するのは，随伴的自尊心のみであった。この結果から考えると，組織学習を推進するには，組織のメンバーの随伴的自尊心を高めるように働きかけると，好影響につながりそうである。具体的には「他の人にはないよい発想である」「今までで一番貢献している」など，他者との比較に重点を置いた評価が有効と考えられる。また組織学習を充分に行えてないメンバーに対しては，充足的自尊心に閉じこもらずに，随伴的自尊心を高めるようにうながすとよい。具体的には「十分な達成であるが，もう一段階上の仕事をしてみよう」といったアドバイスである。自己評価が甘いことへの気づきや，ちょっと努力したら手の届く，小さな目標を与えるなどして，ほどよく充足的自尊心を満たしきらないようにしながら，随伴的自尊心に気持ちが向かうようにうながしていく対応が考えられる。

4 おわりに

私がいなくなっても，自ら能動的に動いていく組織，さらにグレードアップしていく組織。組織の一員としては，私の所属企業がこのようになっていくことを目指すべきである。組織学習が文化として根付くには，何を行うべきなのか，どのような仕掛けをつくっていくかを日々考えながら業務に取り組んでいる。

具体的には私は、まず自分がチームリーダーを務めるチームの意思統一、そして営業所内および支店内の中心チームになることを目標に、チームビルディングを進めている。修士論文で取りあげた、組織学習の促進については、いくつもの要因が働く。その中で、極端な経験や、経験年数は、チームリーダーである私がコントロールしにくい要因であるが、メンバーの学習をうながす心理的要因、特に自尊心や挑戦性などについては、こちらからコントロールしていくことが可能である。その涵養を自然に仕掛け、チームのメンバーに納得感をもって挑戦や学習に取り組んでもらうためには、潤沢なコミュニケーションが必要であり、コーチング能力を高める必要があると感じている。

本稿では、私が神戸大学ＭＢＡを目指した理由から、ＭＢＡでの経験、修士論文の内容までを、私の目線で振り返りながら、現場での活用につながるポイントを述べてきた。神戸大学ＭＢＡのカリキュラムは、経営学を学ぶだけでなく、すぐに現場で試していくことを重視したカリキュラム設計となっている。試すか試さないかは本人次第であるが、多くの時間と労力をＭＢＡに投じたことを考えると、学びを自分の血肉にしていかなければ、もったいない。ＭＢＡに通ったことを会社にいかにフィードバックできるかを考え、実践していくことが重要と考え、今でも大切にしている。

Column

◆リーダーシップの理論

リーダーシップは経営学の中心問題の１つである。それゆえに多くの研究が行われ、様々な理論が提出されてきた。リーダーシップ論の射程は広い。リーダーシップの理論は大きく２つの流派に分かれる。１つは資質理論で、リーダーの資質に注目する理論である。このグループではどのような資質を持ったリーダーが高い成果を上げるかが研究され、その理由が解明される。

もう１つは行動理論で、リーダーが行う行動に注目する理論である。この領域では、リーダーのどのような行動が高い成果につながるかが研究され、その理由が究明される。両者の暗黙の前提は大きく異なる。資質理論では、リーダーの資質は成人するまでに作られるものであり、リーダーは見いだされ選抜されるものだと考えられる。これに対して行動理論は、リーダーとしての行動は教育可能であり、学習やトレーニングなどによって育成可能だと考える。最近では行動理論を採用する研究者が圧倒的に多い。

（加護野忠男）

第4章

ユーザー起点の医療機器開発

武富太郎

1　医師、MBAに学ぶ！

1-1　MBAへのあこがれ

私は現在、麻酔科医として民間病院に勤務する医師である。現在の病院で勤務医として働きながら、２０１３年に神戸大学MBAを卒業した。医師でMBAを取得しようとするものは、まだ日本では稀であろうかと思う。私がどのような経緯でMBAを取得することになったのか、まずは自己紹介を兼ねて少し記したいと思う。

私は２００２年に医学部を卒業した。学生時代は札付きの不良学生で、終日アルバイトや趣味に没頭して過ごした。ただもともと生真面目なのか分からないが、向学心や自己実現欲求は強く、「自分はアメリカで医師をやる」という目標を立て、学生時代から独学で米国医師免許の勉強を進めていた。当時は情報もまだ少なく、大学へ行かない代わりに海外の医学書を興味の赴くままに読み進めるくらいだった。そんな風に自由に勉強していたため、大学は当然出席単位すら足りず、成績も墜落寸前の超低空飛行であったが、なんとか留年もせずに卒業できたのは、試験情報をせっせと流してくれた友人達のおかげだった。

卒業後は、日本の大学病院のいわゆる「医局」へ所属し、麻酔・集中治療を専門にした。卒後5年目からはいよいよ念願かなって、エモリー大学やクリーブランドクリニックといった、思いもしなかった世界的な超一流施設で研究・臨床に従事するチャンスが訪れた。この間に多くのものを見聞し、吸収することができたと思う。そして医師11年目になって、ようやく自分がどのように生きていくのか、自分のキャリアというものについて深く考える余裕が生まれるようになった。

米国での貴重な経験を医師として日本で活かしたい、というのはもちろんあったが、医師の仕事を核とした新しいキャリア形成ができる可能性も実は模索していた。米国でMBAホルダーの医師を多く知っていたこともあり、MBAが何か助けになるかもしれないことは感じていた。日本ではまだ少ない医師のMBAホルダーは、米国では頻繁に見かける。米国では大学病院の医師であっても、管理職につくものにとってMBAは必須であるような印象を受けた。私は別に管理職を目指していたわけではなかったが、一生を臨床のみで終える勤務医や研究医で終わりたくないという意識が多少あった。テレビや新聞で見聞きするダイナミックなビジネスの世界に、漠然としたあこがれがあったのかもしれない。

1-2　日米の医療の違い

米国の医療は良きにつけ悪しきにつけ、ビジネス抜きに語ることはできない。実際に米国で仕事をしてみると、日本との違いは如実だ。米国では、実際の業務で経営事情を意識しない日は無かった。日本には経営を意識して仕事のできる医師があまりに少ないという印象がある。すべては患者のための医療と嘯《うそぶ》き、それを金科玉条として浪費する医療が正当化され、日本の病院の7割が赤字経営という異常事態を作ってきた。「経営＝金儲け」くらいのリテラシーしか持ち合わせていない医師が、病院経営を担うケースも枚挙に暇がない。正直、私自身も病院経営には微塵も興味がなかったが、帰国して父親が他界し、実家の病院経営をみることになったことが経営学を学ぶきっかけになった。

日本へ帰国して、忙しい大学病院で働きながらＭＢＡの勉強をはじめ、その翌年に運良く神戸大学ＭＢＡに合格することができた。神戸大学を選んだ理由は、働きながら通えること、学費が安く、教授陣、プロジェクト方式といった教育プログラムの評価が非常に高かったことである。多忙な臨床の仕事をこなしながら通学せねばならず、病院からも直接通えるのは神戸大学しかなかった。麻酔・集中治療医は、一度臨床の現場を長く離れてしまうと、復帰するのに大きなリスクをかかえるため、働きながら通えることは大変有り難かった。

入学はできたものの、授業のある毎週金曜日の夕方、そして土曜日に備えて、平日に膨大な量の予習をこなさなければならず、本当に過酷であった。効率良く予習を進めるため、皆で分担して平日の夜に勉強会を開くといった工夫もした。神戸大学は皆で集まって行うグループワークが多く、横の繋がりが自然に強くなる。ＭＢＡを学ぶ目的の1つに人脈作りがあることは誰も否定しないであろうから、グループワークを重視する神戸大学の教育カリキュラムは非常に優れていたと思う。大学生の頃は授業など面白くなく，ほとんど出席した記憶がなかったが，ＭＢＡの授業はまるで違った。社会人として自分で授業料を負担していたため，モチベーションが高かったというのもあるが，なにより教授陣の講義が素晴らしいものばかりであった。

神戸大学では経営学の重鎮である先生方はもちろん，新進気鋭の優秀な若い先生方の，汗がほとばしる熱い講義もある。学外からも頻繁にゲスト講師（実務家が多かった）が登場し，毎週末の授業が楽しみとなった。一コマ欠席しただけでその損失は計り知れないほど大きく感じた。共に学ぶ優秀な仲間に恵まれたことも大きかった。前述のように，神戸大学の授業は講師が一方的に与える授業はほとんどない。グループワークやディスカッションが中心で，同級生の意見や考えに常に触発される環境であるため，同期から得るものが非常に大きい。医療という閉鎖的な環境で仕事をしてきた私にとって，ビジネスで世界をまたにかけて活躍する同期たちの広い見識に触れ，強烈な劣等感すら覚えた。そんな劣等感をもつところから私のＭＢＡ生活は始まった……。

2　魂をゆさぶられる経験

現在の仕事に対する使命感や起業に繋がることになった，「魂を揺さぶられる経験」について書きたいと思う。患者を扱う医師なら，この「魂を揺さぶられる経験」は誰にでも一度はあるが、どんな仕事であっても似たような経験を皆がしているのではないかと思う。

それはアメリカへ渡る直前の、日本の病院での出来事であった。深部大腿動脈瘤という病変を切除して人工血管をつなぐという手術の麻酔をしていたときのことである。その患者さんは糖尿病と心筋梗塞の既往があり、注意して麻酔をせねばならないハイリスクの患者さんであった。その日もいつも通りに麻酔を導入し、手術も淡々と進んだ。心配された合併症によるイベントもなく、このまま無事に手術も終わるとばかり思っていた。ところが、お昼を過ぎたあたりから外科医の手が止まり気味になった。どうやら病変部が手術操作のしにくい、かなり深い位置にあるようで、発達した側副血行路のため、外科医たちは血管の処理と止血に難渋しているようであった。手術の際に出血することはよくあり、そういった場合は輸液・輸血を行うのだが、この時点ではそれほど出血はしておらず、まだ余裕があった。

ところがしばらくして、術野を映すビデオカメラの画面に、突然真っ赤な血の海が映り込み、私は慌てて術野をのぞき込んだ。どうやら不意に大きな血管を傷つけ、外科医が視野を失ってしまい、出血しはじめたようだった。不測の事態に、いつもは温厚な外科医たちも緊張からか、声を荒げていた。私は出血に追いつくよう、注射器で輸血する作業を繰り返した。出血に追いついては、また出血して血圧が下がる、一進一退の攻防であった。ところが事態はいよいよ深刻になり、外科的な止血が困難な状態、いわゆる「危機的大出血」を宣告せねばならなかった。しばらくして大量出血が原因で手術中に心筋梗塞を起こした。急遽、心臓の冠動脈バイパス術を行うことになり、手術は翌朝にまで及んだ。手術を終え、集中治療室（ICU）に戻ることはできたが、心機能は回復せずにそのまま亡くなってしまった。20時間に及ぶ手術のあと、ICUで患者が亡くなるのを見届け、部屋を出ると徒労感だけが残った。集中治療室を出る私の足はガクガクと震えていたのを今でも良く覚えている。

麻酔科医という仕事は、手術という大きな侵襲から患者を守ることである。成功して当たり前であり、上手くいっても感謝されることはない。麻酔器のまわりには様々な生体監視装置（モニター）があり、さながら航空機の操縦席に例えられる。そのため我々の仕事はよくパイロットに例えられ、パイロットが離陸、着陸の際にもっとも気を使うのと同様に、我々もまた麻酔の始まりと終わりに最も気を遣う。パイロットは乗客を無事に目的地まで送り届けるのが仕事だが、時に乱気流に遭遇したり、機器が故障したり、乗客が病気になったり、いろいろなトラブルに対処せねばならない。最悪の場合、トラブルが原因で墜落することもあろう。私もこの日、大切な乗客を乗せた飛行機を墜落させたに等しかった……。

この日、まだ麻酔科医として独り立ちしたばかりの私に、どうにもできなかった罪悪感と劣等感、そして今後は絶対に危機的な大出血に起因する不幸な転帰を繰り返さない、という強い使命感が併せて刻まれた。それからしばらくして、エモリー大学で止血凝固の研究、そしてクリーブランドクリニックで常に大出血を伴う肝臓移植というチャレンジングな専門分野に進むことになったのは、今思えば神様の導きだったのかもしれない。さらに米国で目にした、とある医療機器が日本で医師としての新しいキャリアを開いてくれることになろうとは、この時はまだ想像すらしていなかった。

3　急速輸液装置開発で起業！

その機器とは、あの時の経験のような不測の危機的大出血の際にもすぐに使用できる、非常に安全な急速輸液装置であった。日本ではローラーポンプというもので代用されていたが、性能が十分でなく、空気混入などの死亡事故が多発したため、既に販売が禁止されていた。その後、日本のメーカーがそれに代わる安全な新しい急速輸液装置を開発する必要性を把握していたかどうかは定かでないが、私は日本へ帰国後、あの悲劇を繰り返すまいと、米国製の急速輸液装置を日本に持ち込もうとした。しかしよく調べてみると輸入品の承認であっても数年かかることがわかった。米国製のものにもユーザビリティの上での不便さを感じていたこともあり、どうせ時間がかかるのならもっと使いやすい急速輸液装置を自分で作ってみよう、と考えたのだ。

過去の苦い経験もあり、一度作ると決めたら行動は早かった。こうして臨床医として働く傍ら、私は強い思いを持ってこの急速輸液装置の開発プロジェクトを立ち上げた。ドクターが製品企画をメーカーへ提案するなど普通はありえないことだったが、ゼロからスタートして資料を作ったり、企業へプレゼンしたりするのは楽しかった。複数の企業に機器開発の提案を行うと、幸いにもすぐに開発に名乗りを上げてくれる中小企業が現れた。また、経済産業省の「課題解決型医療機器開発のための助成事業」として1億円近い開発費を2年間も頂くことができた。これでいよいよプロジェクトには成功義務が生じ、私の尻に火がついたことはいうまでもない。そして2012年、私は株式会社「MED-SEEDS」を起業した。

プロジェクトの立ち上げ後、しばらくして修士論文の執筆にも取りかからねばならなくなった。これは大きな負担になるだろうと思っていたが、折角のMBA修士論文なのだから、実用的示唆を与えるものにしようと、既に進行していた急速輸液装置開発を事例に絡めることにした。日本の医療機器事情として、本当に必要なものがなかったり、使い勝手の悪かったりするものが極めて多い。論文では主にその原因を論じ、その解決法として「ユーザー起点での医療機器開発」を軸に論を進めた。私の修士論文は、急速輸液装置開発の事例から導くことのできた普遍的実践論を書いたつもりである。大きなヒントは神戸大MBAのマーケティングの講義で、小川進教授より学んだユーザーイノベーションの概念から得た。結局、プロジェクトも修士論文も、時期が被ったおかげで互いに良い効果を及ぼし、また修士論文を書くことでMED-SEEDSのビジネスモデルの基盤まで確立することができた。

次節からは、その修士論文の一部をわかりやすく噛み砕いて紹介したいと思う。

４　医療機器開発の新しい形～ユーザー起点での医療機器開発

４－１　日本の医療機器産業の背景と問題点

日本の産業全般の技術力が高いことは周知のことであるが、日本の医療機器メーカーが自動車メーカーのように海外で健闘しているかというと、残念ながらそうではない。医療機器産業の国内市場規模はおよそ２・５兆円、そして世界全体では30兆円近いとも言われる巨大市場であり、医療技術の進歩と途上国の発展により、その規模はさらに拡大している。ところが日本の医療機器の国際競争力指数（図表４－１）は、診断機器ではかろうじてプラスで推移しているが、治療系機器ではマイナスで推移していることが分かる。医療機器全体でもマイナスとなっている。国際競争力指数とは、輸入収支額を輸出入額の和で除したものであるから、マイナスであれば輸入超過、つまり貿易赤字ということになる。よって日本の医療現場で用いられている医療機器は、輸入品が非常に多いといえる。もちろん優れた医療機器であれば、日本製だろうが海外製だろうが大歓迎のはずだが、実はそう簡単な問題ではない。他の産業機器と同様に、医療機器においても輸入品は関税などが上乗せされる分、どうしても割高となる。赤字経営の病院にとって（日本の病院は７割が赤字）、その上乗せ分は経営に重くのしかかる。し

図表４－１　日本の医療機器の国際競争力指数

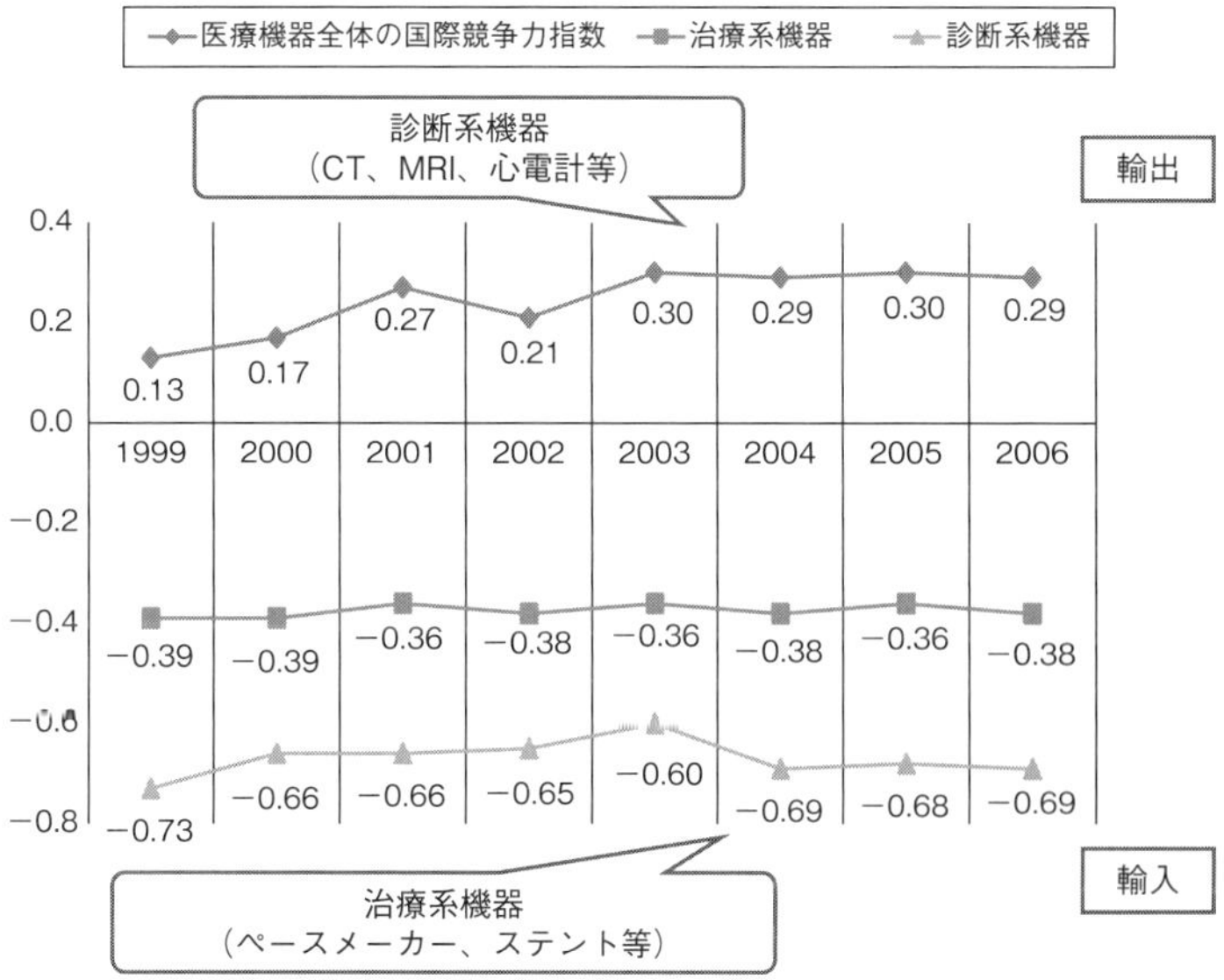

出典：薬事工業動態統計年報をもとに筆者作成

かも医療機器はＣＴやＭＲＩ、ロボット手術機器のように１台で数億円するものも珍しくない。そして最新のものを導入したくても、日本における輸入医療機器の承認・認証は非常に時間がかかる。他国で導入された10年後に、はじめて日本で臨床使用できるケースすらある。米国製の手術用ロボットの例を引くと、米国の医師が既にその扱いに習熟し、治療の対象・適応疾患をさらに広げていこうとするときに、日本にいる医師ははじめて機器を手に取って触ることができるくらいのタイムラグが存在する。経済先進国を自負する日本で、世界レベルの医療を受けられないことが実際に起こっているのである。先進医療機器において後塵を拝することは、国民の健康利益まで大きく損なうことである。

では日本には先進医療機器が作れるほどの技術力がないのだろうか。もちろんそのようなことはない。例をあげれば、先述した米国製の手術用ロボットに用いられる多くの部品が実は日本製といわれている。ただ、精巧な部品は作れてもオールジャパンでコンセプト設計ができないのは日本の医療機器の弱いところといえる。ロボット手術に用いられる遠隔操作技術のコンセプトは、実はもともと軍事技術からの転用である。この遠隔操作技術の他、インターネット、GPSシステム、微小電気機械システム（MEMS）などは、「DARPA（アメリカ国防総省 国防高等研究計画局）」の産物であり、このDARPAはあらゆる産業に対して圧倒的なイノベーションを創出してきた。日本にもそういった国家レベルのイノベーション創出機関の誕生が待ち遠しい。

4-2　中小企業にとっての医療機器産業

イノベーションには多大なコストがかかることは想像するに難くなく、今後も大企業を中心に創出されていくはずである。そのような中で、はたして中小企業にチャンスはないのだろうか。実は医療機器の特徴として、億単位の画像診断機器から数十円のガーゼといった類いのものまで、その品目数は50万品目以上あるといわれている。その分、数多くの中小企業が医療機器産業に参入しており、中小企業であっても高い技術力を武器に、世界のトップシェアを握ることが可能である。そして実際にそういった中小企業が日本にも多数存在する。

中小企業がいかに優れた技術を保持していても、単独でイノベーション機器を創出することは難しいかもしれない。しかし、あきらめるのは早い。我々のような医療現場の人間からみると、現場の課題のなかにはイノベーションは要求せず、既存の技術を使って発想（コンセプト）を変えるだけで解決できるレベルのものが、未だ数多く残されているように思う。事実、医療機器には昔のまま進化していないものが数多く存在している。単独でイノベーション機器を生み出すことが難しい中小企業にとっては、もはや課題として認識すらされず、放置されている問題を再発見し、既存の技術を用いることでその課題を解決し、利益をあげることが最も効率的だ。このような視点は神戸大学教授の三品和広先生のリ・インベンション戦略（『リ・インベンション』2013年　東洋経済新報社）に詳しい。医療機器産業はこのリ・インベンション戦略を実践する格好のフィールドであると私自身は認識しており、そのためのキーワードはユーザー起点での医療機器開発であると考えている。

4-3　イノベーションの発生論理と情報の粘着性仮説

医療現場には、今となっては解決できるはずの手つかずの課題があると述べたが、私自身が医療機器開発の仕事を進めていくうちに、どうやら医療現場の課題をメーカーが把握するのは、我々医療従事者が考えているより遙かに困難であることが分かった。それは至極当然のことである。家電のニーズを把握するのは比較的容易であるが、医療機器では難しいのである。医療機器が家電などと異なるのは、ユーザーの数と特性、その機器の性質があげられる。家電などの一般消費財はユーザーの数が多く、そのユーザーはどこにでも分布している。例えば、テレビ、エアコン、冷蔵庫、カメラ、パソコン、携帯電話などは、現在ではほとんどの人が当然のようにユーザーであり、もちろん開発者自身もユーザーである。

ところが医療機器は、メーカー＝ユーザーでない場合がほとんどであり、医療機器のニーズは医学専門知識を必要とする場合が多く、家電ほど一般に理解しやすいものでない。そういった機器の開発は当然困難を伴い、機器としての発展も遅い。ここでこれらの機器開発にユーザーが加われば、より効率的であることは想像するに難くないであろう。医療機器はしばしば大きく治療機器と診断機器に分けられるが、このような分類ではユーザー起点で開発すべき機器は分類できない。ではユーザー起点で開発すべき機器とは具体的にどのようなものだろうか。そのヒントは、イノベーションの発生論理を理解すると見えてくる。

イノベーションの発生場所を説明するために、すでに知られているいくつかの理論がある。最も直感的に理解しやすいのは、経済論的立場から説明したフォン・ヒッペルの「期待利益仮説」であり、文字通りイノベーターのインセンティブの大きさでイノベーションの発生場所が説明できるとしたものである。しかしこの期待利益仮説だけでイノベーションの発生を説明す

図表4－2　技術情報、ニーズ情報の粘着性から説明しうる開発起点

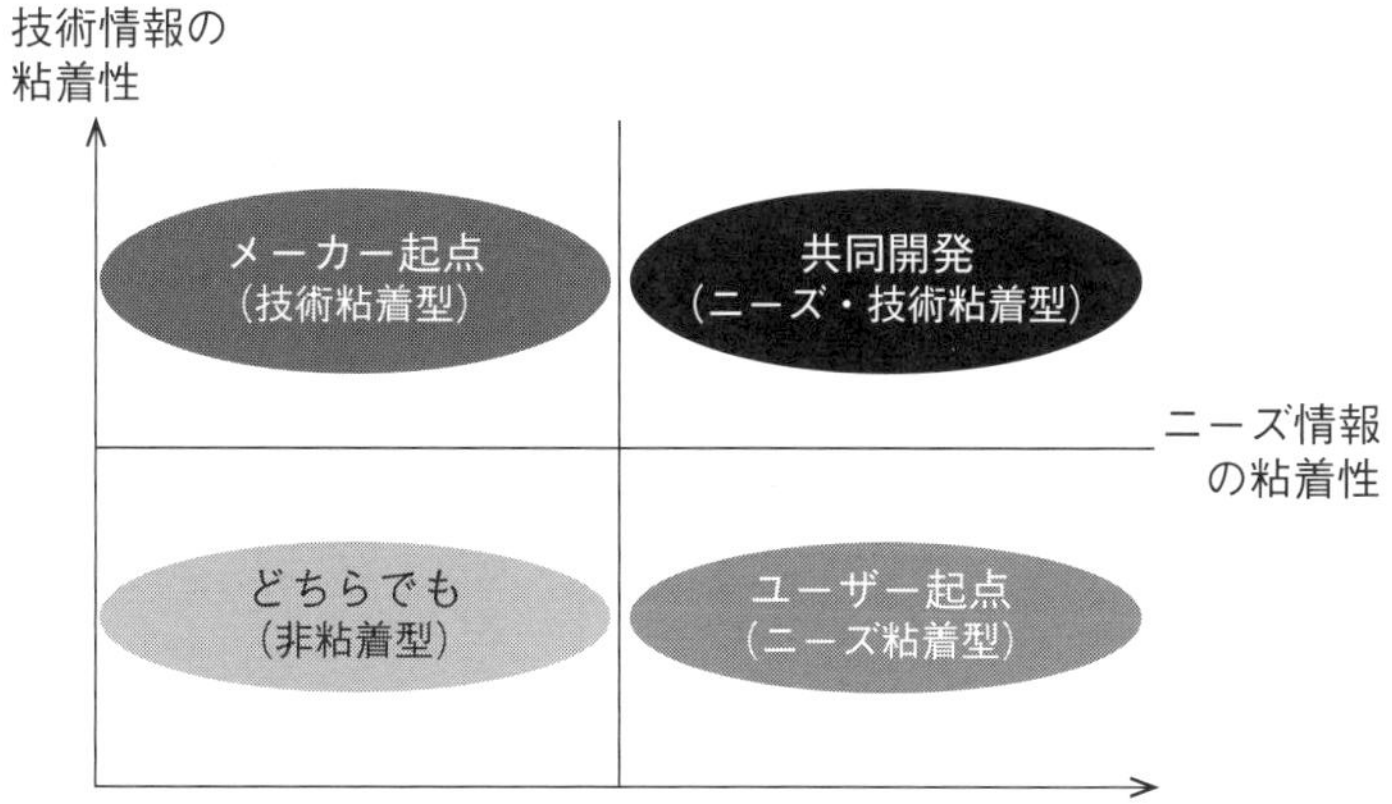

出典：小川進『新装版　イノベーションの発生論理』千倉書房、2007年より筆者作成

るにはいくつもの限界がある。例えば科学者においては、期待利益の中に定量化できない純粋な科学的探究心や名誉などが含まれる場合がある。つまりイノベーターの期待利益の価値基準は一定ではない。そこでフォン・ヒッペルは「情報の粘着性仮説」でもって、イノベーションの発生場所を説明しようとした。

イノベーションの創出には「技術情報」と「ニーズ情報」の2つが必要であり、一般に技術情報はメーカーがもち、ニーズ情報はユーザーがもつ。2つの情報が融合するためには、それらの情報がもともとある場所を離れて融合せねばならない。しかしながら、それらの情報は粘着性を持ち、その持ち出しが困難なことがあり、移転するにはコストがかかる。つまり、「イノベーションの発生には技術情報とニーズ情報が必要であり、イノベーションの発生場所はその情報の移転コス

トによって説明できる」、としたものが「情報の粘着性仮説」である。もちろん、ここでいうイノベーションという言葉を、一般の製品開発に置き換えてもなんら差し支えないだろう。図表４－２は技術情報とニーズ情報を粘着性の高低で２軸に切ったものである。当然、メーカーが持つ技術情報の粘着性が高ければメーカー起点、ユーザーが持つニーズ情報の粘着性が高ければユーザー起点の開発が効率的であることがすぐに理解できよう。

４－４　情報の粘着性仮説をもとにした開発アーキテクチャ論

私の修士論文では、効率の良い医療機器の開発起点を規定できる視点として、これを開発アーキテクチャ論と名付け、いくつかの事例を引きながら論証した。医療機器の場合、何が技術情報やニーズ情報の粘着性を規定するのだろうか。

医療機器が家電や日用雑貨などと異なるのは、まずユーザーの絶対数が非常に少ないことである。医療従事者は数多くいるが、ことさら治療系機器においては、ユーザーがほぼ医師に限られてくる。そして治療機器の用いられる場所は手術室や集中治療室といった清潔区域が多く、そこには患者以外の一般の人は立ち入ることはできない。ましてメーカーの技術者が患者の治療現場に入り込んで、医師のニーズを剥離しようとするのは極めて困難である。さらに近年は個人情報保護や安全確保から、病院も医療関係者以外の人間の立ち入りを厳しくしているのが現状である。このように、まずユーザーの数や種類、使用場所といったものが、医療機器のニーズ情報の粘着性を高めている。そしてニーズ情報そのものの性質もまた粘着性に大きな影響を与える。医師自身の繊細な感覚を忠実に反映せねばならないような治療機器のニーズ情報は、形式化して伝達することの難しい暗黙知であり、ニーズ情報の粘着性は高いといえる。

一方でCTやMRI、検体検査機器といった、主に診断系医療機器のニーズを捉えるのは、実は非常に容易である。ニーズの要は画質を高め、正確な検査結果を早く出すことであり、ユーザー協力の必要性は低い。形式化しにくい医師の感覚を反映させるような必要もない。こういった診断機器では、メーカーのみで高いユーザーニーズを満たす製品を作ることが可能であり、実際に複数の診断機器を調査したところ、開発過程におけるユーザー関与は認められなかった。先述のように、日本はこの診断機器においては健闘している。これは日本の技術力が総じて高いことの表れでもあるが、一方でユーザーの関与が重要な治療機器開発には弱く、日本の課題はユーザーが関与すべき機器開発であることは言うまでもない。

ユーザー関与が効率的である機器、つまり技術情報もニーズ情報の粘着性も非常に高いもの（技術・ニーズ粘着型）の例として、内視鏡治療機器があげられる。この内視鏡治療機器は、小さな病変部をつまみ上げたり、切除したりする際の医師の繊細な感覚に応えられる非常に高い完成度が要求されるが、医師がその感覚をメーカーに伝えることは非常に困難であったはずである。また逆に、それを実現するのに必要な技術も、医師が理解することは極めて難しかったはずである。共同開発が最も効率の良いアーキテクチャといえよう。この内視鏡治療機器は長い年月をかけて医師と共同で開発を進め、ようやく実用化されたものである。特に内視鏡治療の分野は、現在日本が世界をリードしている分野である。

ニーズ粘着型（図表４－２）の機器の例として、私の開発提案した急速輸液装置がある。技術的ハードルはさほど高くないが、ニーズ情報の粘着性が高いアーキテクチャとなり、もちろんユーザー起点の開発が最も効率的である。開発情報となるため、急速輸液装置の技術情報、ニーズ情報の粘着性の詳細な分析は省かせていただくが、このニーズ粘着型のアーキテクチャをもつ医療機器には、先のリ・インベンション戦略との親和性が高いことを、ここでは強調しておきたい。

非粘着型（図表４－２）の機器にはガーゼや注射器といったものが含まれる。家庭用の血圧計や体温計なども非粘着型に含まれよう。このアーキテクチャはメーカーもユーザーも開発起点になりうることはすぐに理解できよう。

４－５　重要なプレイヤーとしてのリードユーザー

技術／ニーズ粘着型、そしてニーズ粘着型のアーキテクチャをもつ医療機器において、ユーザー関与が重要であることを述べた。しかし関与するユーザーが誰でもよいというわけではない。ユーザーの中には、少数ながら技術情報を理解できる高い能力を持った医師や、特にソフトウェアなどは自ら開発する能力を有する医師が存在する。こういった医師との共同開発では、極めて効率的に開発が進む場合がある。

残念ながら日本の医師の中からは、そのキャリアの制度上、理工系や経営学の知識を備えた人材を見つけることは極めて難しい。しかし米国では、医師が理工学や経営の知識を持っていることは稀では無く、例えば20世紀の医療を変えた発明として世界中の医療現場で用いられる酸素飽和度測定装置は、経営も学んでいたスタンフォード大学の医師が開発し、ビジネス化したものである。技術情報の受け手としてのユーザーの中には、難解な技術情報を自ら扱うことのできる高い能力を持つ者がおり、開発アーキテクチャ論で技術・ニーズ粘着型に分類される機器であっても、こういったユーザーにより粘着性の高いニーズ情報が容易に移転され、ユーザー自らが起点となって開発してしまうケースもある。

一般的には、メーカーは「リードユーザー」を見つけると良い。フォン・ヒッペルによれば、ユーザーの中にはリードユーザーと呼ばれる存在が明らかであり、その定義は、「重要な市場動向に先行しており、リードユーザーが直面しているニーズは、数年後には市場にいるユーザーが経験するようになる。そのニーズに対する解決策を発見することで高い効用を得ることが期待できる。そのためにメーカーが行うよりも前に、自らがイノベーションに取り組む強い動機を持つ者のことである」とあるように、リードユーザーもまたイノベーターになり得る存在である。とはいえ、リードユーザーの見極めは実は容易ではない。通常は大学教授などがリードユーザーではないかと目をつけがちだが、調査研究の中には「教授のいうままに作った人工呼吸器が，実はその二ーズが教授にしかなく数台しか売れなかった」という事例もあった。

ニーズ粘着型のようにユーザー自らが起点となって開発を行う場合においては，粘着性の高いニーズ情報を自らが移転し，メーカーを探すことになるが，このような事例は電子カルテや麻酔記録のソフトウェア開発において散見された。ソフトウェア開発においては，メーカーとユーザーがそれぞれの開発モジュールを，別々に並行して開発する「並行イノベーション」が可能となり，開発リードタイムは著しく短縮できる。

このように，ユーザー起点での開発，またはメーカーによるリードユーザーの活用が，治療系医療機器に弱い日本の医療機器産業の切り札になり得ると考えられる。

４-６　粘着性の高いニーズ情報を剥離するもう１つの方法：医療機器卸し企業にとってのビジネスチャンス

卸しは一般に医療機器メーカーから医療機器を卸して，医療現場へ売るのが仕事であるが，この卸し企業は，実は医療現場に自由に出入りすることのできる少ない存在である。日本においては長い慣習のなかで，MRが医師の御用聞きの側面を持っていたことはよく知られている。しかし，医師との癒着構造の温床になるなどの面がクローズアップされ，またネットの普及もあり，製品情報をわざわざコストをかけて人手で伝える必要もなくなってきた。そのため，医療機器に限らず，医薬品メーカーでもMRの数が激減している。しかし，高い技術情報を理解できる能力をもったＭＲが、医療現場に立ち入れるメリットを活かして粘着性の高いニーズ情報を剥離し、メーカーに運ぶことができたらどうだろう。機器開発に強いインセンティブをもって取り組む医師やリードユーザーが少ない日本においては、この「剥離屋（ピーラー）」としての役割が医療機器産業にとっても、大きな可能性を秘めていると考える。特にユーザー起点で医療機器を作りたいと考える医師とメーカーとの橋渡し役は重要な仕事になろう。

調査事例からは、卸し企業が開発段階から関わることで得られるメリットとして、独占販売権、そしてマーケティングに対する高いモチベーションが明らかになった。医療機器卸し企業においては、本業での売上高営業利益率は非常に低く、介護や医薬品卸しといった他業種にまで展開せねばならない厳しい現状がある。異業種に参入するよりも、本業においてサプライチェーンの上流を目指すことの方が効率的であるのはいうまでもない。医療機器卸し企業にとっては、ユーザーニーズの剥離代行業が大きなビジネスチャンスになり得る。

5　おわりに

正直に言っておくと、実はＭＢＡが医師にとって、私にとってどのように役に立つのか全く分からずに入学した。何か大きな期待をして入学したのは間違いないが、具体的な成果を想像できてはいなかった。しかしＭＢＡは良い意味で、私の期待を大きく裏切ってくれた。卒業した今では、ＭＢＡこそ私の人生を変えた、と断言できる。

私は医学部を卒業してからほとんどの期間を、日本とアメリカの大きな大学病院に属して仕事をしてきた。医師は大学を卒業しても一人前になるには少なくとも10年以上の厳しいトレーニングを積まなければならない。とにかく優秀な医師になりたい一心で、さまざまな経験を積まねばならないと思い、日本とアメリカをトレーニングで転々とした。恥ずかしながらこの期間は自分の経験を積むことで精一杯であり、組織への帰属意識など全くなかった。自分にとってこの場所が必要と感じなくなれば、新天地を求めて組織を移る、という根無し草ぶりであった。そんな私に、ＭＢＡの同期たちが帰属意識というものの大切さを教えてくれた。

ＭＢＡに入学してまず驚いたのは、同期達がみな一様に、「自分達の会社を良くしよう」、という強いコミットメントをもっていたことである。彼らの多くはそのためにＭＢＡの勉強に来ていた。彼らは、組織を良くしよう（皆を幸せにしよう）と真剣に望み、悩み、考え、しかも行動できる連中だった。それにひきかえ、私は自分の所属する組織に対して愛着やコミットメントなど微塵もない風来坊だったのだ。自らの組織人としての未熟さ、人間としての未熟さを自覚できたことが何より自分にとって最も大きな財産となった。

そして株式会社MED-SEEDSを立ち上げる機会を得たことも大きな変化であった。修士論文で考え抜いた「医療機器の開発アーキテクチャ論」を基盤にして、急速輸液装置の開発の他、現在では外資系大手を含むいくつかのメーカーと契約し、ユーザー起点の医療機器開発事業を進めている。ニーズをもつ病院側の体制整備がもっとも肝要と感じる毎日である。医療産業都市構想を進める神戸市の依頼もあり、講演やメーカーの開発相談等も積極的に受けるようにしている。やはりMBAを卒業したからこそ、この仕事が確立できたことはいうまでもない。MBAで繋がった人が新しいビジネスでも深く関わっている。私にとって㈱MED-SEEDSはMBAで学んだことを実践できるフィールドであり、もちろん愛着もある。今後は仲間を募り、日本の医療機器産業の発展に少しでも貢献できればと考えている。そしてもう1つ、赤字がほとんどである病院の経営体質の責任の一端が医師にあることを痛切に感じているので、まずは自分の病院から医師として何か変えて行きたいと思っている。

■謝辞

このような執筆の機会を与えていただいた加護野先生、そして神戸大学で一緒に学んだ同期の皆に感謝したい。もし今回記したようなビジネスモデルに興味をお持ちの方がいらっしゃれば、医療機器メーカーの方、卸し業、医師、薬剤師、看護師、CEなど職種を問わず、ぜひ私宛に連絡を頂ければ幸甚である。

㈱MED-SEEDS　http://www.medseeds.jp/
連絡先：taro.taketomi@gmail.com

Column

◆情報の粘着性仮説

マサチューセッツ工科大学（ＭＩＴ）のビジネス・スクールのフォン・ヒッペル教授によって提唱された、新製品のアイデアが、技術開発力のあるメーカーではなくユーザーによって生み出されることが多い理由を説明するための仮説である。ユーザーニーズについての情報をメーカーに伝えることの難しさを、情報の粘着性という概念で示している。その難しさの原因として、ユーザーニーズは経験知であり、それを情報として言葉で伝えることが難しいこと、ニーズは使用現場のコンテクストに組み込まれており、それだけを切り離して情報として伝えることが難しいこと、などがあげられる。

神戸大学では、ヒッペル教授の下で博士論文をまとめた小川進教授が、この仮説に従った研究を行っている。学術書としては『新装版　イノベーションの発生論理』（千倉書房、２００７年）が代表的である。

（加護野忠男）

第5章

大手製薬会社と創薬ベンチャーの協業

志久　香

1　なぜMBAを目指したか

入社時の私の配属は研究本部だった。研究本部に所属していた頃の私は、経営学を学ぶ余裕があったら、職務に直接的に関係のある専門知識を身につけることの方が重要と考えており、MBAに対する興味は高くはなかった。

その後の私は、開発本部に異動となり、バイオ・ベンチャーや大学が保有している技術や医薬品の種を自社に導入する、アライアンス業務の担当となった。バイオ・ベンチャーや大学と商談する機会も増えた。商談にはベンチャーの研究開発責任者だけではなく、経営責任者が出席することもあり、場合によっては経営責任者だけが出席することもあった。ベンチャーにとっては、自社が保有する技術の説明だけでなく、どのように安定的な経営を持続させているかというスキームの説明も重要だったからである。

1年を通じて数回は参加することになった商談会においては、30分単位で商談を次々に行う。海外ベンチャーの経営責任者にはMBAの学位を保有している方が多かった。海外ベンチャーの科学責任者にも、自然科学系の博士号だけでなく、MBAを併せ持つダブル・ディグリーの方が少なくなかった。彼らからは、自然科学的な面からも、経営学的な面からも、説明を受けることになる。面談時に、話が少し複雑になってくるとついていけないことも、しばしば起きた。しかし、限られた時間内で、初歩的なことを確認する余裕はない。彼らとの共通言語である経営学を学ぶことの必要性を痛切に感じた。

元々体力があるほうではない私が、業務と並行してMBAに通い通せるかどうか、全く自信は無かった。そこで、書籍を読んで勉強してみたり、社会人向けのスクールの講座を受講したりするなどの学習の機会をそれなりに設けてはみたが、物足りなさを感じていた。体系的にファイナンスやアカウンティングなどの経営学の知識を習得する必要があると感じはじめた。それでも、ハードルが高く感じ、躊躇していた。

そんな時、異動後から抱えていた仕事が一段落し、少しタイムマネジメントにおける自由度が増えた。東日本大震災から受けた影響も少なからずあった。これまで、大きな怪我や病気に悩まされることなく生きてきたが、それでも、1つ間違っていれば大怪我をしていてもおかしくないような体験、死んでしまっていたかもしれない体験はあるものだ。幸運にも生かされている自分は、努力をしなければならない、というような思いが心の片隅にあった。

「最後までやり切れるかどうか分からないが、とにかく始めてみよう」と考え、MBAの取得にチャレンジすることを決意した。

2 なぜ神戸大学MBAを選んだのか？

当時私は担当していたアライアンス業務に役立つ知識を身につけることを考えていたので、現在の業務を続けながら、通学できる社会人向けの大学院を選ぶことが第一優先であった。そこで重視した点は、関西の大学であることだった。業務での出張も多く、特にアライアンス・マネジメントの業務を抱えていると相手の仕事に合わせないといけないことも多い。少しでも時間調整がしやすいように、通学しやすい近場の大学であることが必須であった。

日々の私の業務の中では、創薬型ベンチャーの方とは商談以外で話す機会があまり多くなかった。面談後に懇親会などで話をすることはあっても、ベンチャーが抱える問題について話ができるわけでもなく、創薬型ベンチャー業界の実情を知りたいと考えていた。そのためには、できるだけ多くの方にインタビューを試みることが有用だと思われ、論文や調査プロジェクトに力を入れている大学が望ましいと考えた。

その一方で、論文を書くことを重荷にも感じていた。そもそも経営学の知識に乏しい私が、修士論文を書くのは無謀なことのようにも思われた。

決め手となったのは、神戸大学ＭＢＡが独自の教育方法として採用していた「プロジェクト方式」である。神戸大学ＭＢＡでは必修科目として「ケース・プロジェクト研究」と「テーマ・プロジェクト研究」が課せられていた。これらでは5～7名でチームを作り、1つの課題に協力して取り組むという調査プロジェクトである。そのなかには、問題意識の設定、仮説の立案、先行研究のレビュー、インタビューの進め方、そして仮説の検証方法など、論文執筆作業と同じ工程が含まれている。経営学の論文の書き方が分かっていなくても、その手法を学ぶことができるシステムが整っているのは有難いと思った。

3　神戸大学MBAで得たもの、MBAへの思い

MBAを取得して一番驚いたことは、面談相手の態度の変化であった。

特に海外のベンチャーとの面談で名刺交換をすると、以前は、面談相手が視線をさっと名刺全体に走らせた後、さらに何らかの情報を探すように名刺の隅々まで走らせ、諦めたように視線を外し、第一声の言葉を探しあぐねている。こんな様子が感じられことが、よくあった。そこで職歴を説明すると、ようやく相手が口火を切るという感じだった。

しかし、名刺にMBAと記載するようになると、名刺交換をした後すぐに、面談相手が喜々とした表情で、説明を始めるようになった。特に日本人の場合、そのような商談の場にあって、未だにMBAホルダーが多くないこと、そして自然科学のバックグラウンドと経営学のバックグラウンドを合わせて持つ人材が少ないことが背景にあると思われる。

ＭＢＡでの学びには、ビジネスパーソンがキャリアを重ねる上で有用な事柄が凝縮されている。同級生の年齢分布をみると同年代の方も多かったが、より若い年齢の時に受けておくべきだと思った。ちなみに、海外のＭＢＡの学生の平均年齢については、アメリカでは20代後半の場合が多く、イギリスでは30代前半が多いらしい。経営学を勉強するのに適当な年齢については、ある程度の経験は必要だとは思うが、若い頃に身に付けておくべき知識だと感じた。

決して短くない社会人生活を考えると、ＭＢＡ生活を複数回経験することも選択肢としては「有り」なのだと思う。実際に、他の大学でＭＢＡを取得した後、神戸大学でＭＢＡを取得していた同級生もいた。授業の中では、これまでのキャリアを見直す機会も多かった。経験によって、考えは変わるだろうし、授業から受け止められることも変わってくるだろう。２回目の通学も、有意義な生活になるに違いない。

先に神戸大学を選択した理由で述べたプロジェクト研究だけではなく、講義においても、度々グループで取り組む課題を与えられた。学生相互のインターラクションを重視した教育方法がとられていた。授業毎に即席でメンバーを組んで、グループでディスカッションすることもあった。

神戸大学ＭＢＡの受験資格には、「入学時において1年以上の実務経験を持つ者」という条件が挙げられている。同じ事象を捉える場合に、学生個人が過去に経験してきたことや培ってきた専門的知識の違いが影響する。グループワークでのディスカッションを通じて、予想もしないような意見を聞いたり、新たな知識を得たりすることができた。有志で勉強会を開催する機会もあった。刺激の多い、楽しい時間であった。

ＭＢＡ入学後は、バイオ・ベンチャーと商談する際に、自然科学的な観点だけでなく、経営学的観点からも理解ができるようになり、より深い議論ができるようになった。ＭＢＡで経営学の知識を得たり、経営者の講演を聞いたりすることにより、経営者の物事の捉え方や考え方を知ることができた。日常業務でも、経営学的側面からも考えることができるようになったことで、以前より質の高い企画提案ができるようになり、仕事の幅が広がったように思う。以前から取り組んでいた事柄にも、自信を持って臨むことができるようになった。

その後私は異動となり、マーケティング業務が担当となった。異動後しばらくは、日常の業務に必要な専門知識の習得に追われ、あっという間に過ぎて行ってしまった。残念ながら、ＭＢＡで取得した経営学的知識を活かす余裕はあまりなかった。マーケティング業務での応用は目下の課題である。

ＭＢＡ入学後に築いたネットワークの素晴らしさについては、多くのＭＢＡホルダーが語っている。私自身も、先輩のＭＢＡホルダーからも聞かされていた。週1回神戸大学に通学し、その間に忙しい業務の間を縫って課題もこなす。このような困難な道を選択し、勉学に励む強い意志を持ち、多くの気付きを与えてくれる仲間をたくさん得られたことは、有意義であった。卒業後も、さまざまな機会を通じて同級生と集まり、共通の課題について議論し、大学での経験をさらに深める機会を得ている。同級生とのネットワークは、今後も培っていきたいと考えている。

経営学は、決して経営者のためだけの学問ではない。ビジネスマンとして会社で働く人々だけでなく、何らかの組織に所属して社会に関わっている人々に広く役立つ学問である。日々の生活でも、評論家・解説者の説明をより深く理解したり、ニュースの裏側を読み取ったりするなど人生を豊かに過ごすのに役立つと思う。

私自身については、恥ずかしながら、ファイナンスの知識を習得する必要に迫られての受験だったことと、1年後の合格を目指した情報収集のために急に受験を決めた（ところが運よく合格してしまった）こともあって、具体的にどのような履修科目があるのかをよく知らないまま入学してしまった。合格後に、開講科目を知り、その多さ、深さに驚いた。

今やどのような企業も安泰とは言えない。経営上の何らかの問題によって、倒産する企業は、他社に売却される部門は今後増えていくだろう。大企業の社員であってもどのような激変に直面するかはわからなく、その中で起業を考える機会もあるだろう。その時に、経営学に関する知識が皆無だと躊躇してしまうかもしれない。経営学を学んでおくことで、人生の選択肢が格段に広がると考える。

4　プロジェクト研究での企業への訪問調査

会社では議論の対象とならない事柄について、ＭＢＡで業界や世代を超えて議論する時間を持てたことで、視野が広がった。特に神戸大学ＭＢＡには、数か月に渡ってグループで取り組むケース・プロジェクト研究やテーマ・プロジェクト研究といった科目があり、新たに得た経営学的観点から深い議論ができた。メンバーの議論を聞く中で、ＭＢＡで学んだことの理解を深める機会も少なくなかった。

ケース・プロジェクト研究については、あらかじめ指導の教授によってチーム編成を行われていた。私の年度は、居住地が近い学生同士でチームが編成された。私は、このチームで、本書の共著者の１人でもある中根哲さんたちと共に、三菱重工業株式会社にインタビューをさせていただいた。このチームは、総合電機メーカー所属が２名、ＩＴ企業所属が１名、医薬品企業所属が２名の計５名で、うち自然科学系のバックグラウンドを持つ者が４名であった。ケース・プロジェクト研究の説明については中根氏に任せることにし、私はテーマ・プロジェクト研究について記したいと思う。

テーマ・プロジェクト研究では、チーム編成からテーマの選定まで、より幅広いプロジェクトのデザインを学生自身が担当することになる。その開始にあたって最初に考えたのは、どのようなバックグラウンドの同級生と一緒に研究を進めるかである。2つの選択肢があった。自分の所属する製薬業界のメンバーとのチームを選択するか、あるいはまったく別の業界を選択するかである。私の同期には製薬企業所属者が多く、学年の2割程度を占めていた。この割合は、例年になく高いものであった。同じ製薬企業とはいっても、所属部署はバラエティに富んでいたので、深い議論ができる可能性があり、またとない貴重な機会であろうと思った。その一方で、同級生とのディスカッションの中で、自分の考え方が製薬業界に偏っているものであることも感じていたので、製薬業界以外の人とのコネクションを強めたいとの考えもあった。悩んだ末に、製薬業界以外のメンバーのチームに加えてもらうことにした。

実際には、製薬業界のチームのインタビューにも、ベンチャー企業やベンチャー企業に投資している投資会社など数社へのインタビューに部分的に参加させてもらった。「よければ参加してください」とそのチームのメンバーから声を掛けてもらった。メンバーの度量の広さには、本当に感謝している。同様に、同級生の心の広さに感激したことは、通学期間中を通じて他にも数回あった。

ケース・プロジェクト研究では、ハーバード大学の教授であり、企業の競争戦略論で高名なマイケル・E・ポーターが提唱する共通価値の創造（CSV：Creating Shared Value）に着目し、経済価値と社会価値を同時に創造することに成功している企業の事業システムを研究することにした。よりハードルが高いと考えられることから、地方を拠点とする企業にフォーカスした。

全部で４社にインタビューしたが、その中で個人的に特に印象深い株式会社ダックス四国という企業について、この場で触れたいと思う。

株式会社ダックス四国（以下、ダックス四国）は、株式会社エフピコ（以下、エフピコ）の特例子会社である。エフピコは、簡易食品トレーのメーカーである。食品トレー市場で40％、リサイクル品の食品トレーの市場では70～80％のシェアを獲得している。エフピコは、食品トレーの製造販売を事業として１９６２年に設立された。既に地元には競合会社がおり、なかなかシェアを伸ばせずにいた。その後、カラー食品トレーの販売を開始したが、利益率が極めて低い事業であった。採算性を追求した結果、１９７９年には自前で配送するため運輸会社を設立した。しかし、環境破壊を問題視した市民運動が活発になり、採算度外視でトレーの回収を１９８０年頃開始せざるを得なくなった。トレーの回収には、配送帰りのトラックを活用し、少しでも経費の削減になるように努めた。しかし競合他社に先駆けてリサイクル食品トレーでエコマーク表示の認定を取得、１９９２年に販売を開始し、採算性のある事業へと転換させることに成功した。

エフピコは、運輸業など必要最低限の多角化は図るが、軸足は食品トレー事業から外すことはない。新素材による食品トレー容器の開発や素材の薄肉化、製品の軽量化、新機能・新素材の開発などコア技術の革新に取り組むことで模倣困難性を獲得してきた。

業界に先駆けてカラートレー、エコトレーという新しい概念の製品を市場に投入し、市場創造に成功してきた。既存顧客に対しては、売り場づくりの提案や、製品を用いた成功実例の情報提供などにより、既存顧客の維持を図っている。同時に、顧客先で得た情報を社内にフィードバックすることで、顧客ニーズに対応できる。6000種類以上の商品開発に反映させることにより、価値の創造も実現してきた。これらのことが競争優位の獲得にも繋がっている。

エフピコは、特例子会社でリサイクル選別（発泡トレー、透明容器）、透明容器製造、バージン素材とリサイクル素材を原料とする発泡トレー製造の3事業を展開している。食品トレーをリサイクルするためには、スーパーから回収したトレーを色別に選別する必要があり、その選別作業を受託しているのがダックス四国福山選別工場である。選別作業には、多くの障碍者が雇用されている。エフピコは本社を広島県福山市という地方に置きながら、市場占有率が高いだけでなく、障碍者雇用率でも突出している。法定雇用率2・2％を遵守するために苦慮している企業もある中、エフピコの特例子会社では正社員に占める障碍者の割合が7割にも達している。しかも、重度の障碍者を雇用するという。慈善事業という訳ではなく、戦略として障碍者を雇用しているのである。機械より正確に選別作業ができ、健常者より圧倒的に高い集中力や労働意欲を持っている障碍者を、ダックス四国は貴重な人財と捉えている。勿論、障碍者は正社員として雇用し、工賃を支払っている。障碍者に賃金を支払う雇用形態として就労継続支援A型事業があるが、その2018年度平均工賃（賃金）は月額7万6887円であるのに対して、エフピコダックス株式会社福山選別工場の入社時平均給与額は約15万円を超える（厚生労働省ＨＰ２０１８、エフピコダックス福山選別工場２０１８）。

家庭に籠っている障碍者を労働者として戦力化するためには、ノウハウが必要である。ダックスの現社長である且田《かった》久雄氏はかつて養護学校に勤めており、知的障碍者と接する中で、単純作業を正確に長時間取り組める特長を見出していた。その後の経験から、知的障碍者の理解には健常者の考える常識が通じないことが次第に明らかとなり、障碍者の雇用のためには健常者の意識改革を行うことが重要であると考えた。そのため、実際に起きた出来事をケーススタディーとしてデータベース化し、社員が必要に応じて参考にできるようにし、組織能力が蓄積できるシステムを構築している。現在は、障碍者雇用の推進を図ろうとする主にエフピコの取引先を中心とした企業に、エフピコのノウハウを提供している。障碍者の活用について模倣困難性を構築できている、という自信の表れと言えるかもしれない。

小学生の頃、母の友人と知り合ったことがきっかけで、人形劇をするために特別支援学校を訪れたことがあった。そこは、日常生活では会うことのない、同年齢の障碍者の方で溢れていた。この子たちの居場所はどこにあるのだろうか、大人になったらどこに行くのだろうか。人生で初めて、社会問題の一端を垣間見た瞬間だった。その後作業所という受け皿の存在があること、しかしお小遣い程度の工賃しか得られないことを知った。ダックス四国で活き活きと働いている従業員は、障碍者、そして保護者に希望の光を与えてくれる存在であると感じた。

なお、本文でのエフピコおよびダックス四国の事業、組織構造に関する記載はすべて取材当時の状況であり、現状とは異なっていることをお断りしておく。

5　受験を考えている皆様へ

神戸大学MBAのカリキュラムは、一年半の間に多くの科目が用意されている。どの科目も興味がそそられ、受講しないのはもったいないと感じた。とはいえ、多くの社会人は時間の制約が大きいはずだ。通学期間中の学習効率を上げるためには、事前の予習に十分時間を割いておくことをお勧めする。

私自身は、仕事に直結する知識や情報については積極的に収集していたが、直接的に関係ないことについては後回しにしていた。そんな状況であったので、必要に迫られて受験を決意したものの、予習は勿論、受験勉強すら全くと言っていいほどできていなかった。しかし、同級生には、大学が開講している講座を受講したり、教授陣の著書を読んだりと事前に準備をしていた人が少なからずいた。ゼミを開講される先生を確認した上で受験することを決めていた同級生もいた。

中には、私のように論文を書くことに不安を覚え、受験を躊躇している方もいらっしゃるかもしれない。しかし、2つのプロジェクト研究を通じて、論文を書くためのヒントやノウハウが得られる。教授陣も、夜遅かろうが、休日であろうが、労を惜しまず時間を割き、懇切丁寧に指導してくださる。同級生からもアドバイスが貰える。だから、決して、恐れることはない。合格したら、学生生活を目一杯満喫していただきたいと思う。特に日本では、一度社会人になると再び学生に戻り、学びなおす機会を得ることは、容易なことではない。社会人になってから学生に戻る意義を考え、最大限にその価値を引き出してほしい。教授陣、講師陣、同級生から刺激を受け、真摯に課題に取り組み、謙虚な姿勢で学び、社会人人生を変える機会にしていただきたい。

6　アーリーステージの創薬型バイオ・ベンチャーの資金調達

6－1　どのような想いで修士論文に取り組んだか

製薬業界の活性化のためには、創薬型バイオ・ベンチャーの育成が欠かせない。しかし、多くのバイオ・ベンチャーが資金調達に苦労しているのが実態である。私が商談してきた創薬型バイオ・ベンチャーの中には、明確な戦略が見えてこない会社もあり、資金調達に苦労していることが容易に推測される例もあった。あるいは、私が知るかぎり、ベンチャーキャピタルは、投資するかどうかを検討した後に、問題点について、創薬型バイオ・ベンチャーに対して伝えないことが多いようだ。

では、私に何ができるか。資金調達に成功している創薬型バイオ・ベンチャーについてその勝因を分析する。このような研究を行えば、私が仕事の中で向き合ってきた創薬型バイオ・ベンチャーへの応援歌になるのではないかと考えた。

修士論文は、「アーリーステージの創薬型バイオ・ベンチャーの資金調達に関する研究」と題した。統計的に見ると、アーリーステージの創薬型バイオ・ベンチャーに投資するのは４F、すなわち、①Founder（創業者）、②Family（家族）、③Friend（友人）、④Fool hardy（ギャンブル好き）であり、製薬企業が投資するケースは、稀だという（本庄裕司、長岡貞男、中村健太、清水由美「バイオ・ベンチャーの成長への課題」一橋大学イノベーション研究センター・ワーキングペーパNo.10-03、２０１０年）。そうであるなら私は、アーリーステージの創薬型バイオ・ベンチャーに投資する側でもなく、投資される側でもない、第三者の立場で研究を進めようと考えた。

6-2　リサーチ・クエスチョン

論文作成にあたり、以下のリサーチ・クエスチョンを設定した。

✓リサーチ・クエスチョン１：創薬型バイオ・ベンチャーは、資金調達を容易にするために、どのような努力や工夫ができるのか。

✓リサーチ・クエスチョン２：ベンチャーキャピタルは、どのような視点から、創薬型バイ

図表５－１　投資決定プロセス

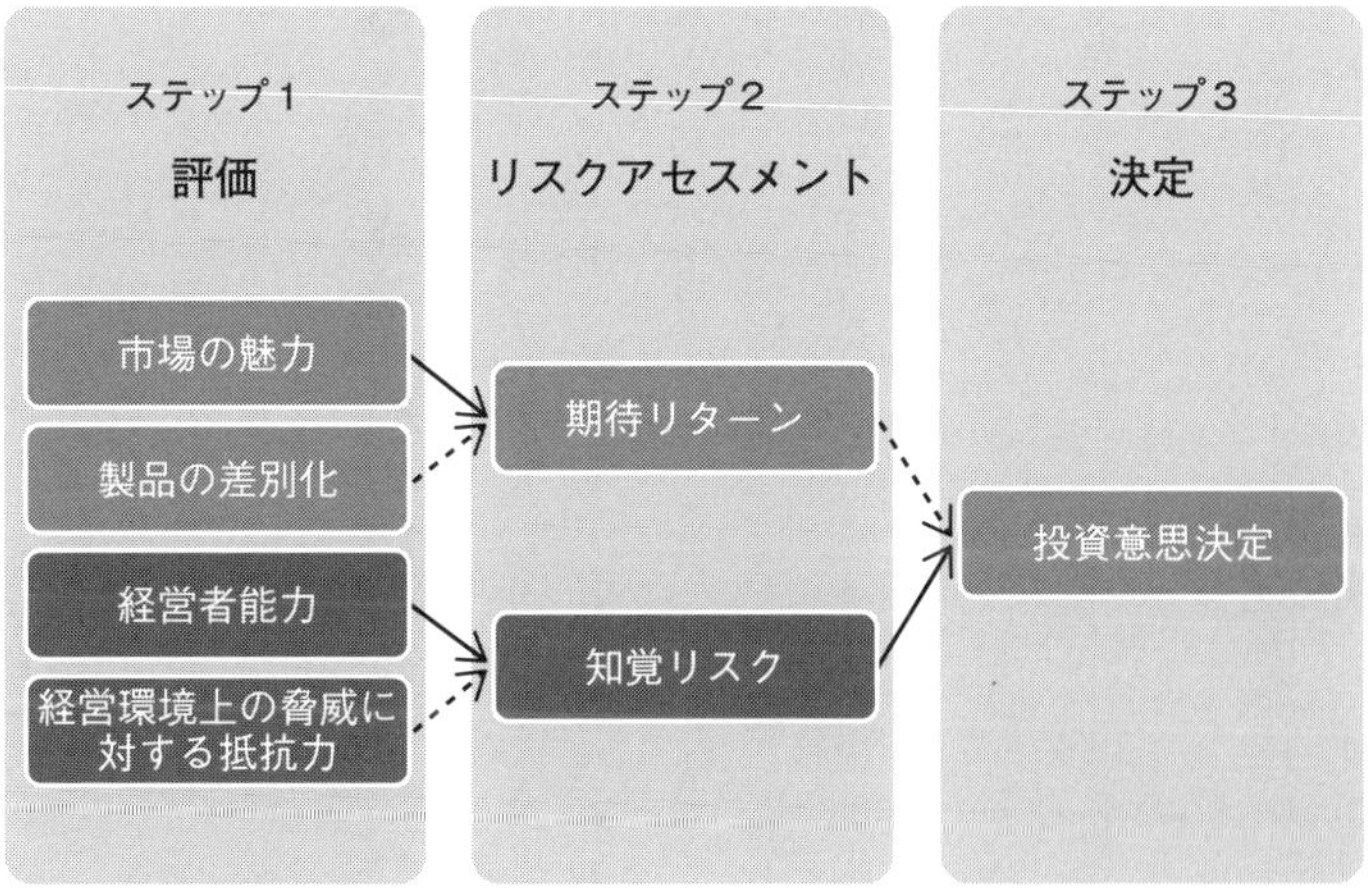

出典：Tyebjee & Bruno（1984）

オ・ベンチャーへの投資の意思決定をしているのか。

6－3　研究方法

研究対象は、２００８年以降に国内株式市場に上場を果たした創薬型バイオ・ベンチャーとした。該当する10社について、「新株式発行並びに株式売出届出目論見書」や「有価証券報告書」、論文、記事、データベース、ホームページから資金調達の状況や、保有技術、創薬パイプラインの情報を収集した。さらに、創薬型バイオ・ベンチャーの経理担当者およびその創薬型バイオ・ベンチャーへの投資に関わったベンチャーキャピタリストなど計30名に近い方々にインタビューを実施した。

ベンチャーに対する投資を意思決定する際

の理論はいくつかある。その中で、Tyzoon T. Tyebjee, Albert V. Brunoが提唱した「ベンチャーキャピタリストの投資活動のモデル」（"A Model of Venture Capitalist Investment Activity", Management Science Vol. 30, No. 9, 1984）に着目し、ベンチャーキャピタリストが日本の創薬型バイオ・ベンチャーに対する投資を意思決定する際にも適用できるのか、検証を行った。

6-4　成功する創薬型バイオ・ベンチャーの特徴

該当する10社の創薬型バイオ・ベンチャーについて、その特徴を解析した。分かったことは、ベンチャーキャピタルが創薬型バイオ・ベンチャーへの投資の意思決定をする際には、Tyzoon T. Tyebjee, Albert V. Bruno のモデルが完全に適合しているわけではないということだった。特に明確な違いは、「市場の魅力」、「製品の差別化」、「経営者の能力」、「経営環境上の脅威に対する抵抗力」の４項目に加えて、「現金を生み出す潜在性」が投資意思決定に大きく影響していることが分かった。

アーリーステージにおいてベンチャーキャピタルからの継続的な資金調達を可能にしてきた創薬型バイオ・ベンチャーには、以下のような特徴があった。

- 医薬品カテゴリーや革新的な技術で明確な差別化を実現している。
- 未来の市場ニーズに合致した研究開発戦略を練っている。

- 経営陣がマネジメントやファイナンスに長けている。
- 綿密な資本政策を考えている。

この結果は何を示しているのだろうか。

ベンチャーキャピタルが投資を行う目的は，キャピタルゲインを得て，出資者に還元することである。創薬型バイオ・ベンチャーは，リターンが期待できるような構図を示し，投資インセンティブを引き出さなければならない。ベンチャーキャピタルは，創薬型バイオ・ベンチャーが考えている以上に経営能力をリスクと捉えており，特にマネジメント能力を重視している。そして，ベンチャーキャピタルは，ある程度は自分の思い描く戦略に沿ってベンチャーをコントロールする必要がある。長期に渡って多額の投資が必要な創薬型バイオ・ベンチャーでは資本政策も重要であり，「株の希釈化」は極力避けなければならない。

6-5　実務的な示唆

ベンチャーキャピタルにベンチャーへの投資理由を聞いていくうちに，リサーチ・クエスチョンとは直接関係ないが，創薬型バイオ・ベンチャーにとって，あるいは製薬業界にとって，有用な情報も得られた。創薬型バイオ・ベンチャーは，ベンチャーキャピタルから資金を調達することが多い。予め彼らの立場や考え方を理解しておくことは重要であり，本章はそのための参考にもなるであろう。

この節ではその要点を幾つか記しておきたい。できるだけ有用な情報とするため、生の声を載せるが、そのために匿名の部分が多くなってしまうことをご理解いただきたい。

６－５－１　ベンチャーキャピタルからの資金調達のデメリット

創薬型バイオ・ベンチャーを設立する前に、外部資金を利用するか、自己資金や家族、友人などからの資金調達で何とかするかは、十分に考えなくてはいけない。自己資金や家族、友人などからの資金調達によって設立している創薬型バイオ・ベンチャーもあるにはあるが、医薬品を開発するためのコストを考えると、自己資金のみでの設立は難しく、外部資金は必要であろう。

ベンチャーキャピタルにとっては、キャピタルゲインを得ることが最大の目的であり、特に上場前にはベンチャーとの利害が対立する関係になりがちである。ロックアップ契約を投資契約に盛り込むことにより、一定期間は株式の売却を制約することはできるが、長くても１８０日である。特に、ファンドの期限に余裕が無ければ、早くリターンを得て投資家に返さないといけないので、ロックアップ期間の終了とほぼ同時に株式を売却する。そのため、株価の低下が避けられない。

「創薬型バイオ・ベンチャーにとっての成功は、やっぱり医薬品を上市して、製薬会社になるっていうこと、社会に貢献をするということであると思いますね。上場ってそのための資金調達の手段の1つでしかないだろうと思うんですけれども。ベンチャーキャピタルは上場がゴールなんですけれど、バイオ・ベンチャーはそうではないので利害が対立しますよね。」

（創薬型バイオ・ベンチャー インタビュー）

「上場直前に利害が対立しちゃうというところですかね。株価も公募価格も証券としては低く設定せざるをえなくなる。単純にベンチャーキャピタルの株式持分比率が高まると、上場後に株は売られますので、株価が下落ということになります。一般的な話になっちゃうのですけれども。上場前後でロックアップが終わると、株の売却のところで、需給関係の面で、ですね。それはどの会社も同じですけれど、バイオは特に顕著ですね。ベンチャーキャピタルの比率が高いんで。だいたい7割くらいはベンチャーキャピタルの比率が上昇していく。他の業態だったらベンチャーキャピタルを入れないところもありますし。内部留保だけで行けてしまう会社もありますし……。」

（創薬型バイオ・ベンチャー インタビュー）

「上場の時期については、毎年やっぱりプレッシャーもありまして、基準日っていうのがあるから。たとえば我々、決算期を基準にして上場申請して、それでダメってなっちゃうと、また1年。やっぱり毎年今年は大丈夫かってなりますね。」

（創薬型バイオ・ベンチャー インタビュー）

創薬型バイオ・ベンチャーは、高額な資金が必要であることから、度重なる資金調達により、ベンチャーキャピタルの持ち株比率が高くなり、逆にアントレプレナーの持ち分比率が低下していく傾向が強い。経営戦略がベンチャーキャピタルの方針と合わない場合には、ガバナンスを牛耳られる危険性もある。創薬型バイオ・ベンチャーの設立者が、ベンチャーキャピタルからの資金調達を重ねても発言権を維持するためには、設立時の自己資金を多くすることを検討する必要がある。

「資本政策っていうのは、1番最初が1番効くんですよ。もっと多くとっておけばよかったなと思いますね、今となっては。次にベンチャーを作るんだったら、もっと出資しようと。元手はそれなりにいるので痛いところなんですけれども、僕のシェア、当初予定の半分以下なんです。共同経営者で、合わせて20数%持っていればいいかなって言うストーリーは、もろくも崩れちゃって。

（創薬型バイオ・ベンチャー インタビュー）

「意外と目先のＩＰＯの時期とか、そういうことばかりを気にされて、あとまたロックアップとかあんまり応じていただけなかったりとかですね、短期的なことしか考えていないところっていうのもそういうベンチャーキャピタルもあったりしますね。」

（創薬型バイオ・ベンチャー インタビュー）

「上場するっていうのが最大の目的になっちゃうみたいな、そういうところがありますね。最速で上場するということが至上命題みたいになって。あとは、そんなに多くはなかったですけれども、やっぱり色々経営に口出しをされたりとか、増資をするときには既存株主と同じように希薄化しますし、やっぱり経営上の足枷みたいなのもあるなと思いますし。」

（創薬型バイオ・ベンチャー インタビュー）

ベンチャーキャピタルからの資金調達後は、上場までに長時間が掛かるので、その間に担当者が代わることもある。前任者とは良好な関係を築けていても、担当者が代わったとたんにM&Aを勧められたり、断りもなく株式を売られてしまったり、株の買い取りを迫られたり、といったトラブルになることもあるようだ。

「場合によっては、損失補填、要するに株買い取り条項っていうのがあるんですね。たとえば1億円で、これがうまく上場できそうになった時は買い取りなさいよっていうような。個人補償みたいなもんですね、買い取り条項というのは。努力条項はいいんです。他に買い取り先を見つける努力目標っていうのはまぁしなきゃいけないと、思うんですけれど。」

（創薬型バイオ・ベンチャー インタビュー）

以上のようなデメリットが、ベンチャーキャピタルからの資金調達にはある。そのことを踏まえて、創薬型バイオ・ベンチャーの設立を考える場合には、資本金をどのくらい用意するのかを考えなければならない。その上で、足りない場合にどのように調達するのか、そして他から借りなければならない場合には、ベンチャーキャピタルから借りるかどうかなどを熟考する必要がある。

一方でベンチャーキャピタルとの関係には、メリットがあるのも確かである。ハンズオン投資により、事業計画についてのアドバイスを貰ったり、増資時のアドバイスなど、さまざまな支援を受けられたりする可能性がある。

「事業会社系ベンチャーキャピタルとは増資のたびに相談させていただきましたし、アドバイスもいただいていましたので、どちらかというと私ども技術系の人間が経営陣に入っているというところで、ファイナンスに関してあまり詳しい者が当時いなかったので、そういう面では非常に助かりました。いろんなアイディアを出していただいたりとか、ストックオプションの発行とかいう実務でアドバイスいただいたりとかしましたし、さすがに代わりにやってくださるというところまではなかったですけれど、アドバイスは非常にいただきました。」

（創薬型バイオ・ベンチャー インタビュー）

場合によっては、あたかもバイオ・ベンチャーの一部門であるかのように機能するベンチャーキャピタルもある。

6-5-2　ベンチャーキャピタル以外からの調達方法

外部資金をベンチャーキャピタル以外から調達する方法としては、家族か友人など仲間内の資金で賄う方法や、事業会社から資金を調達する方法もある。しかし、何か実績のある創薬型バイオ・ベンチャーは別として、事業会社からの資金調達は難しいのが現実である。そういう意味では、公的資金も選択肢のひとつとなりうるが、今回、公的資金について以下の意見が寄せられた。

「ヒアリングの時間はわずか5分とかね。最初に配る先が決まっていて、形式的に審査しているなと。真に技術をきちっと評価して見込みのある所にお金を注ぎ込もうというスタイルになっていないのが非常に問題ですね。大学発の先生が出たりすると、仲間意識でそこにお金を投じるとか、なんかそういうパターンになっているっていうのは、問題じゃないかなと思います。公表されている投資先で、育った会社っていうのはほとんどないですしね。」

（創薬型バイオ・ベンチャー インタビュー）

「補助金取りに行っている時間がもったいないわけですよ、正直。たとえば、僕が関わっていた複数の上場バイオ・ベンチャー、全然補助金もらってないからね。申請しても却下されたところもあるし。」

（ベンチャーキャピタリスト インタビュー）

今回研究対象とした創薬型バイオ・ベンチャーの中には、公的資金の獲得に成功したベンチャーもあったが、獲得するのが難しいという印象を抱いている人もいるようだ。

6-5-3 シンジケート投資

事例の中でも、ラウンドを重ねるにつれて、シンジケート投資が増加したり、参画するベンチャーキャピタルが増加したりする傾向にある。「投資した金額が大きくなくても、意見を言ってくるベンチャーキャピタルはいる」との話を踏まえると、基本的には株主はあまり増やさない方がよいようだ。

「資本政策とか、株式の希薄化とか、最初は全然わからなくて。お金出してくれるんだったら、いくらでも出してもらおうと。集めれば集めるほどいい、と思ってたんだけれども、それが大間違いだったことがよく分かりましたね。今はよくわかってます。

ベンチャーキャピタルが20社もあると、大変ですよ。全部に行って、同じ説明しなくちゃならないし、同じ質問に答えてということで、株主総会にも全員呼ばないといけない。投資の時も、各々の会社の投資委員会に掛けてとか、事務手続きだけでも大変ですね。投資契約も全部やる。投資契約もよく見ないとですね、いろんなものが入っているから、いちいち問題ないかどうかを真剣にチェックしているんです。」

（創薬型バイオ・ベンチャー インタビュー）

止むを得ず、多くのベンチャーキャピタルから投資を受けることになった場合には、投資契約について注意する必要がある。

「基本的にはファイナンスの度に入ってくる株主については、全員同じ投資契約を結ぶという形にしました。ベンチャーキャピタルによって投資契約の内容が違うということがあるんですけれども、それは絶対に無いようにしました。特に重要なのは、上位3～4社が、最終的な意思決定権を持てるようにしておくことで、たとえば上場とかM＆Aのタイミングが来たときに（中略）3社が合意したら他社は決定内容に合意しなくちゃならない、（中略）そういう契約をした。そうじゃないと、1社がダメと言ったら、上場できなかったりM&Aできなかったりすることがある。」

（ベンチャーキャピタリスト インタビュー）

このインタビューのように、リードインベスターとしてベンチャーキャピタルに手厚いハンズオン投資をしたことで、この創薬バイオ・ベンチャーは、シンジケート投資で煩雑になりがちな事務手続きを軽減することに成功している。

7　おわりに

最後に修士論文の残された課題について述べておく。本来ならば、成功できなかった創薬型バイオ・ベンチャーの原因を分析することが重要であろう。資金調達がうまくできなかったベンチャーの中にも、成功要因として挙げられた項目を全てクリアしているベンチャーもいるかもしれないからである。

しかし、該当する創薬型バイオ・ベンチャーを探し当て、信頼関係を築き、さらに話を聞くことは、今回のような短い研究期間では困難であろうと考え、断念した。もし機会があれば、取り組んでみたい課題である。幸い、今回のインタビュイーの中には、失敗談を話してくださった方もおり、そのような事例については優先して記載するようにした。

Column

◆創薬におけるベンチャー企業の台頭

創薬のためには200億円以上の研究開発投資と10年以上の時間が必要であるといわれている。このような研究開発投資に耐えうるのは、大手製薬メーカーだけだと考えられていたが、最近では、ベンチャー企業が台頭してきている。

ベンチャー企業はスタートアップしたばかりの小企業であることが多いが、それでも大量の資金を集めることができ、創薬のための投資に耐えることができる。ベンチャー企業の投資の回収の方法としてＩＰＯが最も標準的な方法であるが、大企業による買収もある。有望な新薬を開発した企業は、その分野での新薬を欲している大企業によって買収される可能性が高い。このように投資回収の可能性が高いために、創薬分野へのベンチャー投資が活発化している。ファイナンス分野での研究によれば、銘柄を選択して行われる投資の成果は、銘柄選択を行わず市場全体を買うパッシブ投資に勝てないということがわかっていることもベンチャー投資を活発化させる要因の１つとなっている。ベンチャー企業による創薬が活発化している理由として、ベンチャー企業は、創薬の候補に関してかなりの幅を持った投資をすることができるからである。その結果、成果を生み出す確率も高くなる。

（加護野忠男）

第6章

バイオクラスターにおける創薬イノベーションの形成要因

三浦大介

1　なぜMBAを目指したか

私は、学部時代は分子生物学を用いた麹菌の研究に没頭していた。就職活動時には、これまでの専門性を活かし、食品会社で微生物を用いた異種タンパク質生産の研究をするのか、それとも製薬会社で新薬の研究開発をするかで悩んだ。最終的に、病気で苦しむ患者さんを救うという社会的意義に魅力を感じ、製薬会社に進路を決めることにした。

2007年に製薬会社へ入社後、開発部に所属し、アルツハイマー型認知症治療薬の臨床開発および申請に3年間携わった。担当した治験薬は厚生労働省から無事承認を得、上市することができた。製薬会社の研究開発に携わるものにとって、上市とは非常に貴重な経験であり、その確率は2万分の1とも言われている（基礎研究からの確率）。

その後、臨床試験入りする予定であった新規化合物を担当することが決まり、上市の経験を活かして承認をとろうと意気揚々としていた最中、人事部に異動することとなった。社会人4年目の私にとって、研究開発の道を究めていこうと思っていた矢先の出来事であり、晴天の霹靂であった。

2010年4月より人事業務がスタートする中で、経営管理、財務会計、経営戦略、ファイナンス、統計、組織行動、マーケティング、マネジメントなど、より汎用的で広範囲な知識が仕事に必要となったが、自分にはこれらの知識が圧倒的に不足していることを痛感した。しかし未経験であることを言い訳にはしたくない。一方で業務は既にスタートしている。経験で学んでいては時間がかかりすぎてしまう。まずは理論で学ぶことによって業務に順応していきたい。これが当時の私のMBA入学への動機であった。

そういった意味で、神戸大学MBAは現職を続けながら通学できる体制であることも、大きな魅力の1つであった。もう1つ、神戸大学の最大の魅力は私の家から近かったというのが正直な答えでもある。

2　磨きがかかったタイムマネジメント能力

2012年度の神戸大学MBAは、約3倍の競争を乗り越えて入学した73人の同期でスタートした。同期たちは、既に各業界・企業で活躍している社会人。日々の仕事の中で、何かしら物足りなさを感じている、ストイックで優秀なメンバーが全国各地から集まっていた。周囲のレベルが高い、かつ、皆が決して妥協をしないという環境は、仕事とMBAの二足の草鞋《わらじ》を履くにあたって、本気にならざるをえず、最高に恵まれていた。

私は入学当時29歳であり、同級生の中で下から3番目に若かった。そのため、同期との議論はすべてが新鮮で、自分自身の視野を拡げる上で影響を受けた。

神戸大学MBAで得たものは数限りないが、1つをあげるとすればタイムマネジメントである。神戸大学MBAは金曜日の夜間や土曜日終日に講義が実施され、現職を続けながら通学できる体制が大きな魅力ではあるのだが、それは勉強に追われる日々の始まりでもあった。

毎週途切れることのない課題は、金曜日や土曜日の講義の予習であることが多く、準備期間は日曜日から木曜日の5日間しかない。土曜日の講義から疲労困憊で帰宅し、日曜日をゆっくり過ごしてしまうと（私の場合、このパターンが多かった……）、月曜からの業務終了後に課題に取り組まなくてはいけない（ただ、準備期間はまだ4日間ある）。世の中では「サザエさん症候群」といって、サザエさんの番組が始まる日曜日夜になると、翌日からの仕事を思い、憂鬱に感じる現象があるようだが、神戸大学MBA在学中の私は、平日残数が多くあることが（課題をする時間がたくさんあるという意味で）、嬉しくて仕方なかった。一方、木曜日の夜になると憂鬱で仕方がなかった。

時間は限りある資源であり、会社の同僚との飲み会は極端に減った。業務の傍らで課題をどうこなすか。いかに時間を作るかという意識が強くなり、優先順位を強く意識するようになった。短時間の移動時間中にも課題に目を通したり、朝7時に出社して始業までの時間を課題等に費やしたりした。

会社では付き合いが悪くなってしまった私だったが、職場では配慮をいただき、講義のある金曜日には早く会社を出られるようにしてもらった。「MBAはどうだい」と声をかけてもらったことなど、本当に感謝している。

3　神戸大学MBAでの学び

神戸大学MBAの授業の中では、プロジェクト研究が、今でも記憶に新しい。神戸大学MBAでは、平成元年における社会人MBAコースの立ち上げ以来、独自の教育方法として「プロジェクト方式」を実施してきた。現在は1年次前期に「ケースプロジェクト研究」、後期に「テーマプロジェクト研究」をそれぞれ必修科目として行っている。プロジェクト研究では、学生たちが、経営の現場で抱えている問題を持ち寄って、同じ問題に直面している者でチームを作る。そして、教員の意見やアドバイスを受けながら、チーム内で互いに知恵を出し合い、解決策を探っていく。問題解決型であると同時に、相互のインタラクションを重視した教育方法となっている。

3-1　ケースプロジェクト研究

私が参加したケースプロジェクトでは、「Pro-Korea：韓国をライバル視するのではなく」をテーマにした事例報告が課題であり、私たちのチームは、株式会社H社の事例をレポートした。

H社は奈良県北葛城郡にある、従業員250人の塗工・化工機械の製造・販売を手がける上場企業である。H社は昭和のはじめに、大阪市平野区で熱交換器や送排風機の専門メーカーとして創立。創業期に繊維機械で培った、乾燥する、熱処理する、というコア技術を活かして、現在ではコーティングやラミネートの領域で競争力のある装置開発を行っている。「塗る」という塗工技術では、薄膜化、高速化、高精度化といった時代ニーズから、薄く均一に塗る、というところにH社のコア技術が構築されており、あらゆる溶剤をあらゆる媒体に塗工できる点に強みがある。世界最大規模のテクニカムという実験工場を1970年代に立ち上げ、技術営業というスタイルをいち早く展開した。事業や業態を変化させながら発展し続けるメーカーである。

訪問したH社は、奈良の田舎にあり、周りにあるのは小山と田畑のみであった。こんなところに、ハイテクを売りに、世界を相手に考え抜かれたビジネスモデルを確立した会社があることには驚きだった。以下にケースプロジェクトから学んだ教訓をまとめる。

✓顧客の開拓には、各国のビジネス慣行に溶け込む柔軟性と、抵抗勢力をも突破する反骨心がエンジンとなる。
✓一時的な流行に流されず、社会の本質的な変化を洞察し、焦点を絞ることが強みになる。
✓顧客に求められる存在であり続けるためには、揺るぎないコア技術を研鑽し続ける必要がある。

H社は、エレクトロニクス産業部品の研究開発提案型メーカーとして、顧客に求められる存在であり続けるために、コア技術の研鑽と同時に付加価値を高めており、これが競争優位性を生みだしている。H社の製品には、単純な機能価値を超えた付加価値があり、顧客はそこに意味を見出し、対価を支払っている。H社は、広く顧客を開拓し、特殊な製造装置のニーズを効率よく感知し、顧客が求める高機能で高付加価値の製品をオーダーメードで作るので、自然と利益率の高いものが売れる。ビジネスモデルとしても優れたケースであった。

2012年3月24日からスタートしたケースプロジェクト研究では、私達のチームは37回のチーム活動を行った。結果は13チーム中6位だった。私達のチームでは、「韓国といえばサムスン」という安易な発想ではなく、様々な切り口でケース選定を進めることが重要なのだが、そのための検討時間が少なかったことが反省点であった。初対面である企業からアポイントを獲得し、取材を敢行する経験は貴重だった。

3-2 テーマプロジェクト研究

続いて2012年8月25日からテーマプロジェクト研究がスタートした。私達のチームには、高齢化社会、人口減少、技術革新の停滞といったように、ネガティブな話題が多い日本社会を、どうしたら元気にすることができるかに関心をもつメンバーが集まった。

糸口をさぐるために、現代の多様性・不確実性の中にチャンスを見出し、新時代にいち早く

図表6－1　営業利益率の比較

ITプラットフォーム企業		業界	大手顧客/競合企業	
エムスリー	40.2%	医薬品	17.6%	武田薬品工業
スタートトゥデイ	24.2%	衣料品	10.0%	ユナイテッドアローズ
リブセンス	45.7%	人材紹介	14.0%	リクルート
アイスタイル	13.8%	化粧品	5.7%	資生堂

（出所）2012年度テーマプロジェクト・チーム作成

順応するビジネスモデルを構築している企業についての合理性を検討することから活動を開始した。スタート時に指導の先生からは、「変わったビジネスモデルの企業を探し、インパクトのある企業を選んでください。尖った切り口でいきましょう。そこにビジネスモデルの合理性があり、収益が見込めるような稼げるパターンがあるのかもしれない」とのコメントをいただいた。

現代の多様性・不確実性に合ったモデルのカギとして「ソーシャルな場」に注目し、顧客企業、あるいはユーザーを巻き込んだビジネスモデルを確立している、新興ＩＴプラットフォーム企業を探ることとした。

創業20年までの若い企業で、特定の業界でＩＴプラットフォームを築いており、かつ営業利益率が10％以上の企業を対象事例として取り上げることにした。エムスリー株式会社、株式会社スタートトゥデイ、株式会社アイスタイル、株式会社リブセンスといったＩＴプラットフォーム企業は、顧客や競合である業界大手企業よりも遥かに高い利益率を達成していた（図表6－1参照）。

これらプラットフォーム企業は、単に多くの企業を集めて「ソーシャルな場」を作るだけではなく、高収益・高成長をいかにして実現しているのかを探ることにした。

プラットフォーム企業が高収益・高成長を実現するためには、①位置取り＋仕組みづくり、②巻込み力、③収益多元化を早期に実現することが重要であるとの仮説を考え、上記4社の事例を調査した。4社ともに、創業期には、業界特有の課題を解決する位置にプラットフォームを築き、早期に収益化を実現していた。そして成長期には、顧客企業・ユーザーが離れられない関係づくりをしており、発展期には、プラットフォームに集まる情報を活用し収益源を多様化していた。以上から、仮説の3点の重要性を確認できた。

今回の対象企業4社は、プラットフォームの活性化を図ることでの収益を上げるだけでなく、プラットフォームから生じるリソース（顧客情報など）を活用（あるいは横展開）することで収益源の多元化を図っており、ビジネスモデルを安定感のある奥行きのあるものとしていた。収益を最大化するために面での展開に飽き足らず、立体的なビジネス展開を志向していたのである。プラットフォーム上方に、収益源を積み上げるには、堅牢な土台（立地）が必要であり、三方良し（顧客企業・消費者・プラットフォーム企業）のバランスの取れた仕組みを必要とする。効果的なプラットフォームの構築には、上記のモデルに留意することが重要と考えられた。

私達のテーマプロジェクト・チームは、平均年齢34・5歳であり、2012年度入学のテーマプロジェクト・チームの中では一番若いチームであった。私達は、残り30年以上の会社生活が残されており、逃げ切ることのできない世代とも言える。現在の日本企業の業績低迷を背負う世代として、テーマプロジェクトには危機感をもって取り組んだものの、12チーム中7位という結果だった。

ケース企業の選定において、当初、指導の先生からコメントいただいていた「尖った切り口」を、高収益という視点にこだわってしまったために、いわゆる、正攻法の企業選定となってしまったことが、発表においてインパクトに欠けた要因であったのかもしれない。しかし、プラットフォーム企業を調査する中で、対象企業のみならず、そこに関係のある顧客企業やユーザーといった多角的な視点で本テーマを分析し、チームで多くの時間を議論に費やした経験は、今後の私達のビジネスに活かせると思う。

4　バイオクラスターとしての神戸医療産業都市

4-1　問題意識と研究の目的

医薬品の研究開発は、勝ちパターンのビジネスモデルが見えずに混沌としている。欧米ではバイオクラスター形成が1つの方向性となりつつあるが、現在の日本には世界的に認知され、国際競争力のあるバイオクラスターは存在しない。今後の創薬において新たなシーズ[1]を基礎、臨床医学の連携のもとで発掘していこうとすれば、多様な知識、技術、専門性を持つ研究者の共同作業が必須であり、バイオクラスターにみられるような組織を横断した知の結集が、創薬イノベーションにとって重要となる。

そのなかで神戸医療産業都市は、国家的なプロジェクトとして位置付けられ、世界最高レベルの研究機関や医療機関、そして246社[2]の医療関連企業・団体の相互連携により、医薬品、再生医療、医療機器などの臨床応用や実用化を図っている。しかし、このプロジェクトからは、創薬の成功事例はまだ生まれていない。神戸医療産業都市において、どのようにしたら創薬イノベーションを実現できるのだろうか。

本研究では今後の我が国の経済成長に重要な役割を果たすと見込まれる医薬品産業に焦点を当て、バイオクラスターの存在に注目しながら、創薬イノベーションの形成要因を探る。

4-2　ポーター氏のクラスター概念

産業集積を経営戦略論のなかで理論化した代表的な論者として、マイケル・E．ポーター氏（『国の競争優位』ダイヤモンド社、1992年）を挙げることができる。ポーター氏はクラス

1　製薬候補物質、疾患関連のターゲット（遺伝子、タンパク質等）を指す。
2　修士論文作成時の集計である（2013年）。

ターを、「特定分野における関連企業、専門性の高い供給業者、サービス提供者、関連業界に属する企業、関連機関（大学、規格団体、業界団体など）が地理的に集中し、競争しつつ同時に協力している状態」と定義している（『競争戦略論（Ⅰ・Ⅱ）』ダイヤモンド社、１９９９年、p.67）。クラスターは、国や地域が輸出を増やし外資を導入する原動力であり、さまざまな外部との結合性をその内部に位置する企業にもたらす。さらにポーター氏は、クラスターの競争優位を持続させる環境条件としてダイヤモンド理論を提唱し、「要素条件（人的資源、物的資源、知識、資本、インフラストラクチャーといった生産要素）」、「需要条件（製品やサービスに対する当該国市場の需要の性質）」、「関連・支援産業（国際競争力を持つ供給産業や関連産業の存在）」、「企業戦略、構造およびライバル間競争（企業の設立、組織、管理方法を支配する国内条件および国内ライバル間競争の性質）」という４つの要素を挙げ、クラスターとしてイノベーション形成はこれら４要素の相互作用によって実現するとしている（図表６－２参照）。

ポーター氏が示すクラスターとは、「地理的近接性」「外部との結合性」および「相互作用」から成り立つ構造体と理解できる。このうち「地理的近接性」については、イノベーションの地理学的研究において、大学や関連諸機関との近接や集積の重要性が指摘されてきた。しかしながら、一方では、近接や集積はそれほど重要ではないと主張する研究も存在し、イノベーションと空間との関連性についてはまったものはない。藤田誠氏によると、理論志向のクラスター研究では、普遍性や一般性の高い概念を志向するので、地域特殊性を意味する地域の風

図表6－2　ダイヤモンドモデル

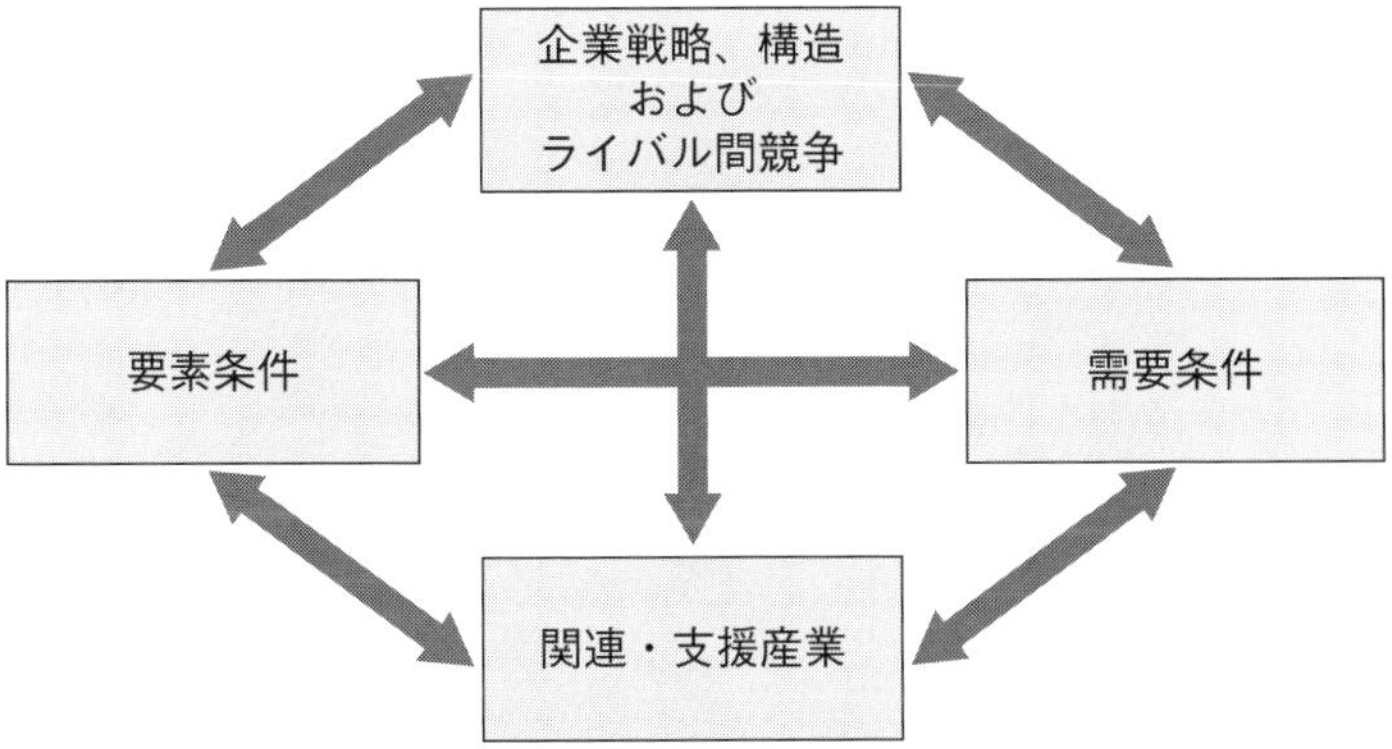

（出所）Porter, M.E.（1998）竹内弘高訳『競争戦略論Ⅱ』ダイヤモンド社、1999年、83頁より簡略化し加筆修正

土という概念が回避されていることが指摘できる（「産業クラスターの現状と研究課題」『早稲田商学第431号』2012年）。クラスターとは地理的条件の影響を強く受けて形成・発展するものである。そもそもクラスターは経済地理学における産業集積概念から発展している（ポール・クルーグマン『脱「国境」の経済学』東洋経済新報社、1994年）ことを勘案すれば、こうした風土といった地理的要因を含めて考えることは当然であろう。本研究では創薬イノベーションに「地理的近接性」が形成要因となるのかを明らかにすることを目的の1つとする。

「外部との結合性」および「相互作用」については産業クラスターに関わる先行研究で批判的な立場をとるものは見当たらない。これら形成要因についても上述したとおり、風土としての地理的要因にも影響されることが考えられるため、本研究の対象地域において「外部との結合性」が創薬イノベーションの形成要因となるのか、創薬イノベーションの形成要因として、どのような「相互作用」が存在しているのか、を明らかにしていく。

4-3　研究方法とリサーチ・クエスチョン

日本のクラスターの現状を俯瞰する資料・調査書は限られる[3]。クラスターが個々の企業や団体にもたらす成果あるいは効果の測定は難しい。経済全般の動向はもとより、クラスターとは直接には関連のない要因が、個々の企業の経営成果に影響を及ぼしており、純粋にクラスターに属することによる成果を抽出することは難しいからである。こうした点を踏まえた上で、本研究では、企業や団体がクラスターに属することによる成果・効果をどのように自己認識しているのかを調査することにした。

インフォーマルなネットワークを活用することが、本研究のアプローチには有効となると考え、バイオクラスターに飛び込み、定性的なインタビュー調査を行うことにした。調査対象となるバイオクラスターを神戸医療産業都市とし、13企業・団体に所属する21名にインタビューを実施した。

調査にあたっては、バイオクラスターにおける創薬イノベーションの形成要因を明らかにすることを目的に、以下のリサーチ・クエスチョンを考察する手がかりの入手に努めた。

✓リサーチ・クエスチョン1：神戸医療産業都市の「地理的近接性」が、創薬イノベーションに、どのように影響するのか。
✓リサーチ・クエスチョン2：神戸医療産業都市の「外部との結合性」は、創薬イノベーションに、どのように影響するのか。
✓リサーチ・クエスチョン3：神戸医療産業都市における主体、物的存在、制度的・構造的要因の「相互作用」は、創薬イノベーションの形成要因として、どのように働いているのか。

4-4　神戸医療産業都市に見る「地理的近接性」「外部との結合性」「相互作用」の効果

インタビューにより、神戸医療産業都市における「地理的近接性」、「外部との結合性」、「相互作用」の効果は次のように把握された。

3　『平成21年度産業クラスター計画モニタリング等調査報告書』（経済産業省）が相対的に網羅的な調査報告といえる。

✓地理的近接性について

神戸医療産業都市の中核地であるポートアイランド第２期地区は、総面積３・９㎢ほどしかない。この神戸医療産業都市内に企業や団体が密集していることから、「地理的近接性」は必然的に存在している。「地理的近接性」を各企業・団体がどのように捉えていたかを以下にまとめた。

インタビューでは、研究者の立場としては、ナマモノのサンプルのやりとりや、今このタイミングで生データを直接見ながらのディスカッションをしたいときに、近くにいることがメリットとなるという声が聞かれた。インタビューでは、さらに以下のような「地理的近接性」に関わる神戸医療産業都市のメリットの指摘を得た。

各企業や神戸市、理研や大学とコミュニケーションがとりやすい／理研や各神戸医療産業都市内の大学の専門家へのアクセスが容易である／神戸医療産業都市の公共インフラを利用できる／資金面・技術面・情報面で周りの企業・団体と負担軽減や効率化を図れる／神戸市主催の交流会や神戸ポートアイランド創薬フォーラムといった各種地域交流会への参加によって新たなネットワークが期待できる／創薬研究といった答えがない中でのディスカッションはフェイス・トゥ・フェイスによる思考を建設していくやりとりがよい／近隣企業・団体が主催するセミナーに参加することで専門性が高められる／異なる分野と交流することによってアイディア創出・アピール力向上・思考の活性化につながる。

神戸医療産業都市の「地理的近接性」に、各企業・団体はさまざまなメリットを見いだしていることが確認できた。

✓外部との結合性について

生命科学という学問の特性上、一定の地域内でその分野の全ての情報を獲得することは不可能である。インタビューを行った全ての企業・団体は各種の学会に参加し、「外部との結合性」を構築し、情報を獲得していた。また、全国の大学や企業とも共同研究によって、ネットワークを構築している企業・団体が多かった。カン研究所、日本ベーリンガーインゲルハイム、アスビオファーマといった大手製薬会社の一部門として神戸医療産業都市に存在している企業は、親会社である各製薬会社との強固なネットワークを構築していた。カン研究所はE6011プロジェクトにおいて、エーザイ本体のノウハウといった「外部との結合性」を活用することで臨床試験への導入を成功させていた。

神戸市については、日本全国2000社ほどの企業に誘致のアプローチをした実績によるネットワークを持ち、先端医療振興財団は海外のバイオクラスターとのネットワークを構築していた。さらに、ナード研究所やカルナバイオサイエンスのように、取引先や共同研究先を通じた全国規模のネットワークを神戸医療産業都市内に結合するハブの役割をする企業も存在した。一方、製薬会社の本体が外部にある企業（カン研究所、日本ベーリンガーインゲルハイム、アスビオファーマ）は、本体と神戸医療産業都市のハブにはなっていないことも示唆された。これら企業がもつ創薬ノウハウを神戸医療産業都市に還元できるかどうかが、今後の課題なのかもしれない。

✓相互作用について

相互作用については、原拓志氏の論文「研究アプローチとしての『技術の社会的形成』」（『年報 科学・技術・社会』第16巻、２００７年）を参考に分析を進めた。バイオクラスターのように、「人的・組織的アクター（主体）」だけではなく、実験設備や実験材料、生産設備や生産物の物的特性が大いに関係すると思われる領域においては、「物的存在」について重視する社会的形成モデルが、ユニークかつ実践的な意義を有した分析アプローチとなる可能性が高い。

神戸医療産業都市において、主体、物的存在、そして制度的・構造的要因がどのように相互作用しているのかを以下にまとめた。

主体となるのは、神戸医療産業都市内の創薬企業、神戸医療産業都市内の創薬支援企業、神戸市、生命科学の分野で著名な専門家・研究者などである。

物的存在となるのは、交通手段、日本国内で承認されていない医薬品、ｉＰＳ細胞、バイオ研究における特殊な実験設備、神戸市が運営するレンタルラボ・オフィス、神戸医療産業都市の創薬関連企業のもつ技術、理研の研究者のもつサイエンスの強い基礎、「京《けい》」やＣＤＢ、分子イメージングセンターといった理研という世界でも最高峰の恵まれた研究設備などである。

制度的・構造的要因となるのは、阪神大震災復興事業、神戸医療産業都市構想、神戸市の企業誘致のための優遇制度、関西の文化、神戸の都市と文化・ブランド[4]、理研という世界でも最高峰の恵まれた研究環境、神戸市主催の交流会、神戸ポートアイランド創薬フォーラム、理研内での研究者同士のコミュニティ、研究に対する環境規制の緩和、薬監証明電子申請サービス、そして創薬の難しさである。

相互作用の具体例を以下に示す。

- 神戸という都市（「制度的・構造的要因」）を背景に、交通手段（「物的存在」）が整備されていることにより、神戸医療産業都市の「主体」が外部の情報獲得を行うアクセスをスムーズにし、海外を含めた神戸医療産業都市外の専門家を容易に迎え入れることを可能にしている。さらに神戸といったブランドが、神戸医療産業都市に外部の研究者を引きつける一要因ともなっているようである。

4 最近の山中伸弥教授のiPS細胞の成果のように、生命科学の分野で関西は数多くの国際的に高い評価を受ける研究者を輩出しており、生命科学の分野では西高東低といわれている（財団法人先端医療振興財団，2011、68頁）。関西の文化、そして神戸という文化・ブランドが優秀な研究者を引きつけていることを示唆している。

- 神戸市主催の交流会（「制度的・構造的要因」）によって，各「主体」がネットワークを構築し，実際に共同研究に発展している例も見られている。
- 創薬の難しさ（「制度的・構造的要因」）ゆえ，神戸市（「主体」）によって集積した創薬関連企業（「主体」）が，それぞれがもつ技術（「物的存在」）を補完し合い，一緒におもしろいことをしよう，という共同研究に発展する可能性が示唆される。
- 阪神・淡路大震災復興事業，神戸医療産業都市構想（「制度的・構造的要因」）のもとに集まった，理研の生命科学の分野で著名な専門家・研究者（「主体」）のもつサイエンスの強い基礎（「物的存在」）に魅力に感じた企業や研究者が引きつけられている。
- 今後の取り組みとなるが，再生医療分野の進展とともに，iPS細胞（「物的存在」）および融合連携イノベーション推進棟（「物的存在」）が，理研の優れた研究者や神戸医療産業都市の創薬企業（「主体」）を引きつけ，再生医療分野における汎用技術の確立が見込まれる。

4-5　研究のまとめ

本研究のリサーチ・クエスチョンの検証結果は以下である。

✓リサーチ・クエスチョン１：

神戸医療産業都市では，フェイス・トゥ・フェイスの議論を常に可能とするような距離に各主体がいることから信頼関係が構築され、フォーマルおよびインフォーマルな知識の共有が発生していた。知識の共有にあたっては近くにいることが生命科学分野の研究の特性である暗黙知、情報の粘着性ゆえにメリットとなる。また、創薬イノベーションの成功確率の低さからも、トライアル アンド エラーを繰り返すことが重要となる。その際、さまざまな企業・団体の持つ、多様な知識をスピーディーに掛け合わせるためには「地理的近接性」がメリットとなる。神戸医療産業都市は、自己完結的ではなく、連携を必要とする小規模な企業が近接して集積していることから、信頼関係が重要な要因となっている。「地理的近接性」は神戸医療産業都市の創薬イノベーションの形成を、暗黙知および情報の粘着性を有する知識の共有、そこにいる企業・団体間の信頼関係構築を通じて後押ししている。

✓リサーチ・クエスチョン２：

すべての企業・団体が「外部との結合性」を構築することで、神戸医療産業都市内だけでは入手できない創薬に関する情報を補完し、収集していた。神戸医療産業都市は小規模な企業が近接して集積している。創薬研究のすべてを自前で賄うことができないことも多く、積極的に外部の知識を活用している。「外部との結合性」は神戸医療産業都市の創薬イノベーション形成を補完している。

✓リサーチ・クエスチョン3：
主体、物的存在、制度的・構造的要因の「相互作用」は、神戸医療産業都市の様々な創薬イノベーションとなりうる要因を形成していることがわかった。この「相互作用」が、神戸医療産業都市外から企業や研究者を引きつける要因ともなっている。

最後に本研究を進める中で浮かび上がってきたバイオクラスターとしての神戸医療産業都市に残された課題を指摘しておく。神戸医療産業都市は創薬イノベーションの形成要因を備えてはいるものの、創薬イノベーションにつながるような各企業・団体間の連携事例はそれほど多く見られない。イノベーションにおける「偶発性」の重要性を考えると、これは問題だといえる。バイオクラスターは多様な人的・組織的アクター、物的存在、制度的・構造的要因によって形成される「場」である。それらの「相互作用」に満ち溢れた複雑な「場」のもとで、「偶発性」が形成される。

本研究では、神戸医療産業都市内の大学にたまたま知り合いの研究者がいたことによって共同研究がスタートした事例、アカデミアを訪問した際に、アカデミアの研究データをたまたま見せてもらったことによってビジネスにまで発展した事例があった。こうした「偶発性」は、創薬イノベーションを創出するきっかけになると考えられる。しかし神戸医療産業都市では、この「偶発性」が少ない。創薬イノベーションにおける「場」は物理的な場所に限らない。

フェイス・トゥ・フェイスの場も含まれるし，バーチャルな場も含まれる。どれだけ多様な「場」を活用し，「偶発性」を多発化できるかが創薬イノベーションの鍵となる。「偶発性」が多発化する魅力ある「場」を，組織や制度として構築できるかどうかは，神戸医療産業都市の創薬イノベーション形成のための課題である。

5　おわりに

多彩な教授陣による講義にはじまり，プロジェクト研究を経て，MBAの集大成である修士論文研究へと進むプロセスは，私に多くの学びをもたらした。入学試験の際に提出した研究計画書を読み返すと，自身の成長を実感する。問題をさらに掘り下げ追究する分析力，そして多角的に理解する展望力を鍛えることができたと思う。神戸大学MBAへの在学を通じてつかんだ確かな手ごたえがある。神戸大学には経営学に関わる質，量ともに豊富な蔵書があり，これも私の知的好奇心を刺激した。

通常の業務では，１つの企画を，アイディアの段階から完成にいたるまで，全てを一人で責任をもって実施する機会はそうあるものではない。修士論文に向けた研究は，問題意識を腹落ちするまで掘り下げ，自分の仮説に基づいて多くの方にインタビューをし，結果をまとめて論文を書きあげるという，自分の脳内にあった考えを全て吐き出して，形にしていく作業となった。言い換えるならば、自分自身をアウトプットする作業であったと思う。結果として、先行研究と向き合い、指導教官や多くのインタビュイーと議論し、考えを深めていくことは、自分自身と向き合うことであった。

神戸大学ＭＢＡの日々は、課題に追われ、時間的負担は大きかったが、振り返ってみると自分をストレッチするための試練であった。終えてから言えることは、経営学を体系的に学び、業務に役立てたいと思っていたが、実際のＭＢＡは、仕事、友人、家族、趣味といった全てに再度真剣に向き合うための機会であり、人間としてのストレッチの「場」だった。この経験はこれからの私の人生において、大きな糧となるであろう。

Column

◆クラスター

最近の産業集積を表す概念、もともとは産業集積という一般的な概念が使われていたが、最近の産業集積を表す概念としてクラスターという概念が使われるようになってきた。その背景には産業集積の性格の変化がある。伝統的な産業集積は、一定の産業分野において分業と競争の関係にある企業群によって構成されると考えられていたが、クラスターでは、企業以外の大学、公的研究機関、病院なども集積の重要な構成組織と位置付けられている。それを構成する多様な構成組織体の間にどのような協働関係がみられるかを分析するのが、クラスター論の課題である。伝統的な産業集積論をもとにすれば、クラスターの研究の焦点で、協働組織間の利益分配とリスク負担のルール、競争企業間の競争のルールなどが研究の焦点となる。

（加護野忠男）

第7章

創薬におけるアカデミアの役割と課題

渡邉豊彦

1　なぜMBAを目指したか

私は1967年に兵庫県姫路市で、スーパーマーケットを経営する家の長男に生まれた。祖父が1号店を姫路駅前に創業したのは1956年であり、スーパーマーケットとして日本では2番目に早かった。祖父は、学はないが、持ち前のバイタリティで戦前よりいろいろな事業を立ち上げ、その都度、成功と失敗を繰り返していた。祖父は姫路駅前の商業組合の会長を務めており、どのような経緯で知ったのかは不明ではあるが、当時、米国流通業で大きな影響力を持つようになっていたスーパーマーケットに魅せられたようだった。

米国のスーパーマーケットはモータリゼーションを背景とし、郊外の大きな土地に、広い駐車場を備え、商品の大量陳列と値引きによる薄利多売を実現していた。しかし土地も狭く、自動車社会がまだ訪れていなかった当時の日本では、電車やバスの利用できる駅前が有利と、祖父は考えたのであろう。商業組合・商店街に加盟する各個人商店をまとめ、あのダイエーに先立つこと1年前の1956年に、祖父は姫路駅前にスーパーマーケットを創業した。

祖父の長男であった父は、祖父の苦労を見て育ったためか、東京の大学に学び、法曹界を志して勉強していたようだが、大学卒業後、時を経ずして姫路に呼び戻され、地元の信用金庫で修行した後、祖父の経営するスーパーマーケットに入った。元々の資金力の違いか、それとも経営者の力量の差なのか、ダイエーのように全国展開はできなかったが、それでも高度経済成長の波に乗って、祖父の経営するスーパーマーケットは順調に播州地区を中心にチェーン店展開を進めることができた。

一方、私は地元の兵庫県立姫路西高等学校に進み、それなりに自分の進路について考えるようになった。祖父は胃がんを患い、壮絶な闘病生活を送った後、私が小学校3年生の時に他界した。その影響もあってか、なんとなく医師になること、医学部進学を朧げにイメージしていた。父は「お前は苦労もせず育ってきた。三代目は身代を潰すとも言うし、だいたいお前に商才はないな。自分のやりたいことを見つけて進むのがいいぞ。」と言ってくれた。自分が家業を継ぐために法曹への道を諦めたから、そのようにアドバイスしてくれたのかもしれない。ただ、父は、「本気でスーパーを継ごうと思って勉強するなら、神戸大学経営学部がいいぞ。なんせ伝統があり、素晴らしい先生が揃っている。」とも言っていた。父のこの言葉が、なぜか私の記憶に残っていた。

2　医師であるのにMBA？

自覚的にも、また親からも商才なしと判断された私は、1985年に兵庫県立姫路西高等学校を卒業し、岡山大学医学部に進学した。1991年に岡山大学医学部を卒業。泌尿器科学教室に入局し、同時に大学院に進み、基礎研究を行い、医学博士を取得した。臨床上の疑問をリサーチ・クエスチョンに構造化し、研究をマネジメントし、得られたデータを解析処理し、結果を解釈し、論文にまとめる。このような医学アカデミアとしてあるべき姿を、キャリア早期において，現在の上司でもある師匠から仕込まれた。

１９９５年から2年間、米国に留学し、当時はまだあまり馴染みのなかったEvidence-based medicine（ＥＢＭ）と呼ばれる体系的な問題解決のアプローチを留学先のメンターであるマイケル・B.・チャンセラー先生から学んだ。また、外から自分の組織、ひいては日本の泌尿器科医療を俯瞰的に見る経験ができた。これまでの固定された座標軸からではなく、異なる座標軸、価値観からものを見ることを初めて経験し、その重要性を認識した。

帰国後6年間は一般病院で日常診療、手術に没頭し、臨床医としての腕を磨いた。39歳の時、スタッフとして大学に帰局してからは、病棟医長として、ベッドコントロール、手術管理、リスクマネジメントなどの病棟業務を統括し、また、医局長在任中は、医局や同門の人事、会計責任を担った。その間、国際会議、全国規模の学会を主催し、私は、その企画、運営、会計を任された。プログラム編成などの学術面だけではなく、コンベンションセンター、ホテル、広告代理店、製薬・医療機器企業、旅行代理店との折衝を重ね、プロジェクトマネジメント、組織マネジメントの重要性を痛感した。

時代も変わる。病院が経営を考えなくてよかった時代から、自らの状況を分析し、戦略を策定し、経営目的を達成していくという、企業であればごく当たり前の経営活動が病院においても求められる時代になっていく。質が高く、効率的な医療への要求。さらに機能分化と連携という経営環境下での戦略的経営が必要になっていった。費用対効果の高い医療サービスの提供のためには、医師であっても経営学の知識が求められようになる。

経営学、組織マネジメントを系統的に勉強したいと思い、かつて父が「本気で経営を学ぶのなら神戸大学経営学部だ」と言っていた言葉を思い出した。神戸大学MBAの受験を決意した。

3 産学連携における創薬アカデミアと企業のギャップ

3-1 本研究の背景

世界経済を見た場合、先進国の経済低迷が続く中、中国やインドなどの新興国が市場を牽引している。新興国は安い労働賃金を背景に発展してきたが、近年では富裕層や中間層の割合が増加し、購買力の高まる新興国は、巨大なマーケットへと変貌しつつある。このように日本経済を取り巻く世界の環境が大きく変化している中で、日本が持続的成長を遂げていくためには、現在の経済システムを労働生産型の産業構造から、価値を創出するイノベーションをキードライバーとする付加価値の高い知識集約型の経済体制へと転換させていく必要がある。

中でも医薬品は膨大な生命科学研究成果の蓄積の産物であり、医薬品産業は、他産業と比較しても、対売上高の研究開発費率が突出しているところから、代表的な知識集約型産業であるといえ、そのポテンシャルは高いといえる。世界に先駆けて超少子高齢化社会が到来した我が国において、国民の安心、安全を担保し、高いＱＯＬ（Quality of life：生活の質）を実現しながら、世界最高とも言える長寿を実現するためには、医薬品産業を中核とした医療産業の発展が必要不可欠である。

特に新薬の創出は、その研究開発過程で、(1)創造性の高い研究能力が求められる、(2)高額の研究開発費を必要とする、(3)研究開発に要する期間が長い、(4)研究開発に成功した場合の製品売上高が極めて高いことなどから、これまでにも、経営学領域において製薬企業の視点から、研究開発戦略、研究開発組織のネットワークやそのマネジメントなどが分析されてきた。しかし、アカデミアが行う創薬（新薬の研究開発）についての研究の蓄積は少ない。そこで私は、神戸大学ＭＢＡの修士論文において、創薬におけるアカデミアの役割と課題に照準を当てて研究を行うことにした。

3-2　創薬研究開発のプロセス

創薬研究開発のプロセスは、新薬の基となるシーズの発見、創製するための探索研究の段階、そしてその有用性を人体で確認し製品へと導く臨床開発の段階に大別される。臨床試験は、

図表7－1　日米欧企業の新薬承認数（New Chemical Entity: NCE）の推移

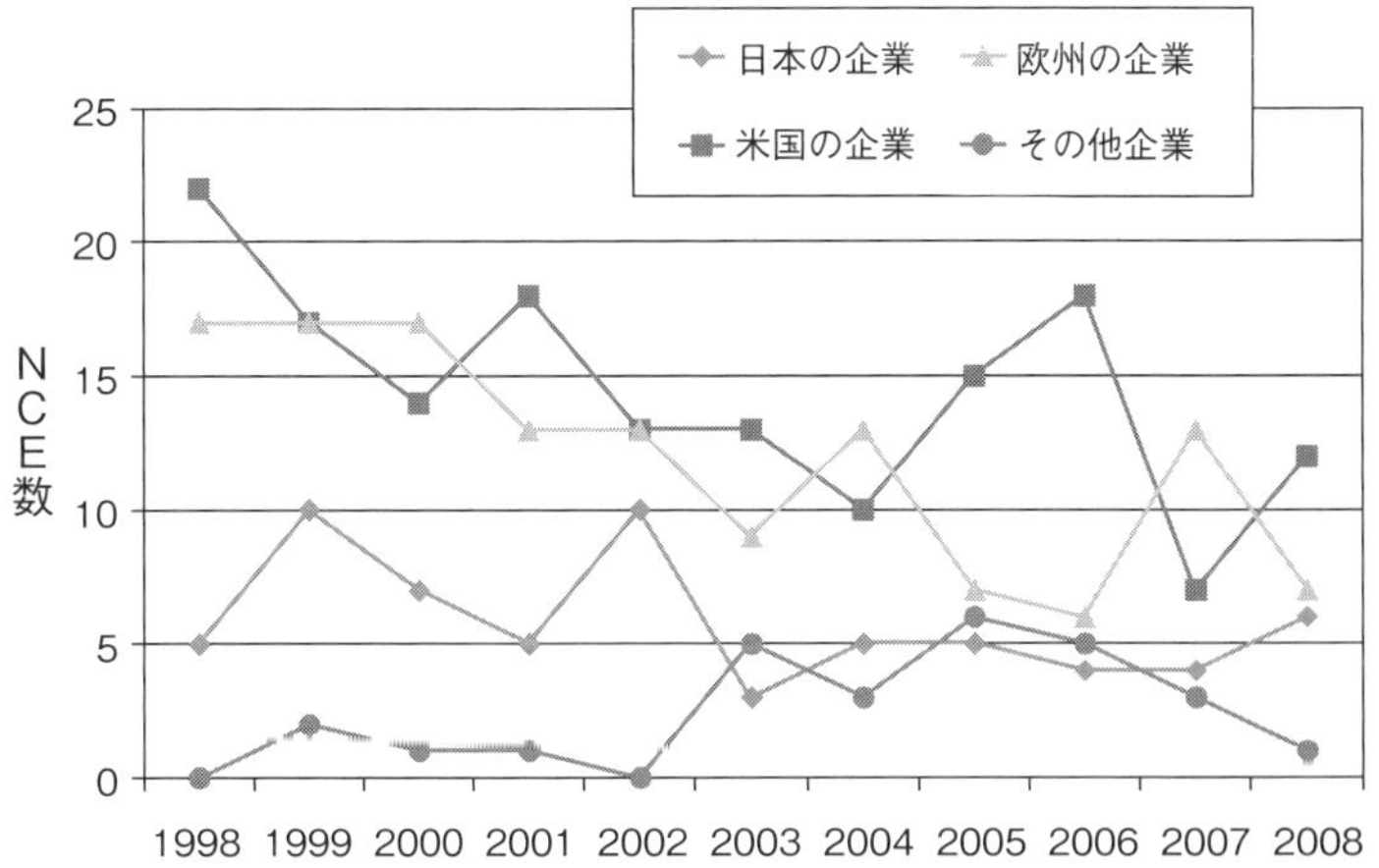

出所　八木崇・岩井高士（2010）研究開発型製薬企業の国際競争力と成長戦略　医薬産業政策研究所リサーチペーパー No.49 をもとに作成

フェーズⅠ、Ⅱ、Ⅲという段階をクリアし、政府の承認を得た後、上市される。医薬品は、承認と上市までに、厳格な有効性・安全性の評価審査、製造販売規制の枠組みの中で、膨大な時間、ならびに費用をかけて研究開発が行われる。このような、創薬プロセスを、アカデミア、バイオベンチャー、そして製薬企業が分担して担うのが一般的である。

3－3　新薬開発効率の低下

近年、製薬企業にとって新薬の創出が困難さを増している。厚生労働省が発表した医薬品産業ビジョン２０１３によると、医薬品の研究開発には９～17年を要し、２００７年から２０１１年の新薬開発成功確率は３万５９１１分の１（０・

003%）となっており、その成功確率は極めて低い。

さらに研究開発生産性の低下も問題となっている。研究開発費は年々増加の一途をたどっているが、新薬承認数は増えていない（図表7－1）。これは日米欧の製薬企業に共通して見られる問題である。これに対して、リーマン・ショックを境に少し停滞はしているものの、2011年ではアメリカ企業1社あたりの研究開発費は約6000億円、日本企業1社あたり約1200億円と年々増加してきている。1薬あたりの研究開発費は増加し、新薬開発効率は低下している。

3-4　変わりつつある創薬ターゲット

新薬開発効率の低下の原因の1つとして、医薬品のニーズの変化に日本の医薬品産業が対応できていないことが挙げられる。これまでの医薬品のニーズは「ブロックバスターモデル」で知られる生活習慣病を始めとする、患者数も多く、既に治療法が見つけられた、市場規模の大きい領域に対するものであった。しかしながら、近年、新薬承認審査の厳格化、研究開発費の高騰、副作用問題や薬剤費の押し下げ圧力などの市場環境の悪化などから、ブロックバスターモデルの終焉が指摘されている（「医薬品産業ビジョン2013」厚生労働省）。近年の医薬品のニーズは、がん、アルツハイマー病など患者数が多いにもかかわらず、治療法が確立されていない疾患や既存の薬剤では治療満足度が低い疾患に対するもので、かつ革新的新薬により将来の市場成長が期待できる領域（アンメット・メディカルニーズ）へと変化している。

こうしたアンメット・メディカルニーズに対応するために、最近では創薬のターゲットは、従来製薬企業が得意としていた低分子医薬品から、生体に存在するタンパク質や核酸、またはその一部を工学的に改変したいわゆるバイオ医薬品へと広がってきている。また、体内の生理活性物質を利用した第一世代のバイオ医薬から、抗体医薬、さらには細胞医薬へと多様化が進んできている。このような新しい治療法の開発では、1社が保有する知識、技術だけでは開発が困難であり、研究費も増大する。

このような背景から、アカデミアとの連携が創薬において医薬品産業の世界的な潮流になってきている。新たな創薬プロセスに必須となるイノベーションの創出において、最も重要な担い手となるのはアカデミアといわれている。アカデミアでは研究者の独創性に基づく研究や薬・理・工・農など医学部以外の部門との連携も可能であり、さらには附属病院や関連病院からなる診療基盤も有している。そこには製薬企業に劣らない研究開発体制が潜在する。

アカデミアにおいても遺伝子治療や、iPS細胞を用いた再生治療などの新規治療法の実用可能性が注目されており、積極的に研究が進められている。このようなアプローチはアンメット・メディカルニーズを満たす可能性がある点で期待されているが、市場規模や開発成功確率の兼ね合いから、現時点で製薬企業が主導して開発する状況ではない。

３－５　アカデミア創薬の現状

日本は医学研究領域において、基礎研究論文数は世界の５指に入る水準にあり、基礎研究力は高い。一方で、臨床研究論文数の順位は、他国対比で低下傾向が続いており、中国、インドなど新興国の後塵を拝している。我が国では、基礎研究と臨床研究の橋渡しに問題があるとされている（医薬産業政策研究所「主要基礎・臨床医学論文掲載数の国際比較」『政策研ニュース』No.35、２０１２年）。

そのため、近年、アカデミアの基礎研究から生まれる多くのシーズから有望シーズを選抜し、非臨床・臨床試験での検証を通じて新規の医薬品として実用化へつなげるトランスレーショナル・リサーチ（橋渡し研究）の重要性が認識され、制度的、人的に整備が進みつつある。しかしながら、米国と比較して、アカデミアにおけるシーズ・研究成果が十分に活かされ、技術移転がなされている状態とは言い難い。１９９８年～２００７年の間に米国Food and Drug Administration（ＦＤＡ）が承認した２５２品目の医薬品の検討（Robert Kneller "The importance of new companies for drug discovery," *Nat Rev Drug Discov,* 9(11), 2010）で、大学発もしくはバイオベンチャー発シーズが技術移転された割合は米国では１１７・６品目中、61・４品目であったのに対して、日本ではわずか23品目中２品目であり（**図表７－２**）、成果だけを見れば十分にトランスレーショナル・リサーチが進んでいるとはいえない。

図表7－2 1998年～2007年の間に米国Food and Drug Administration（FDA）が承認した252新薬の起源別分布

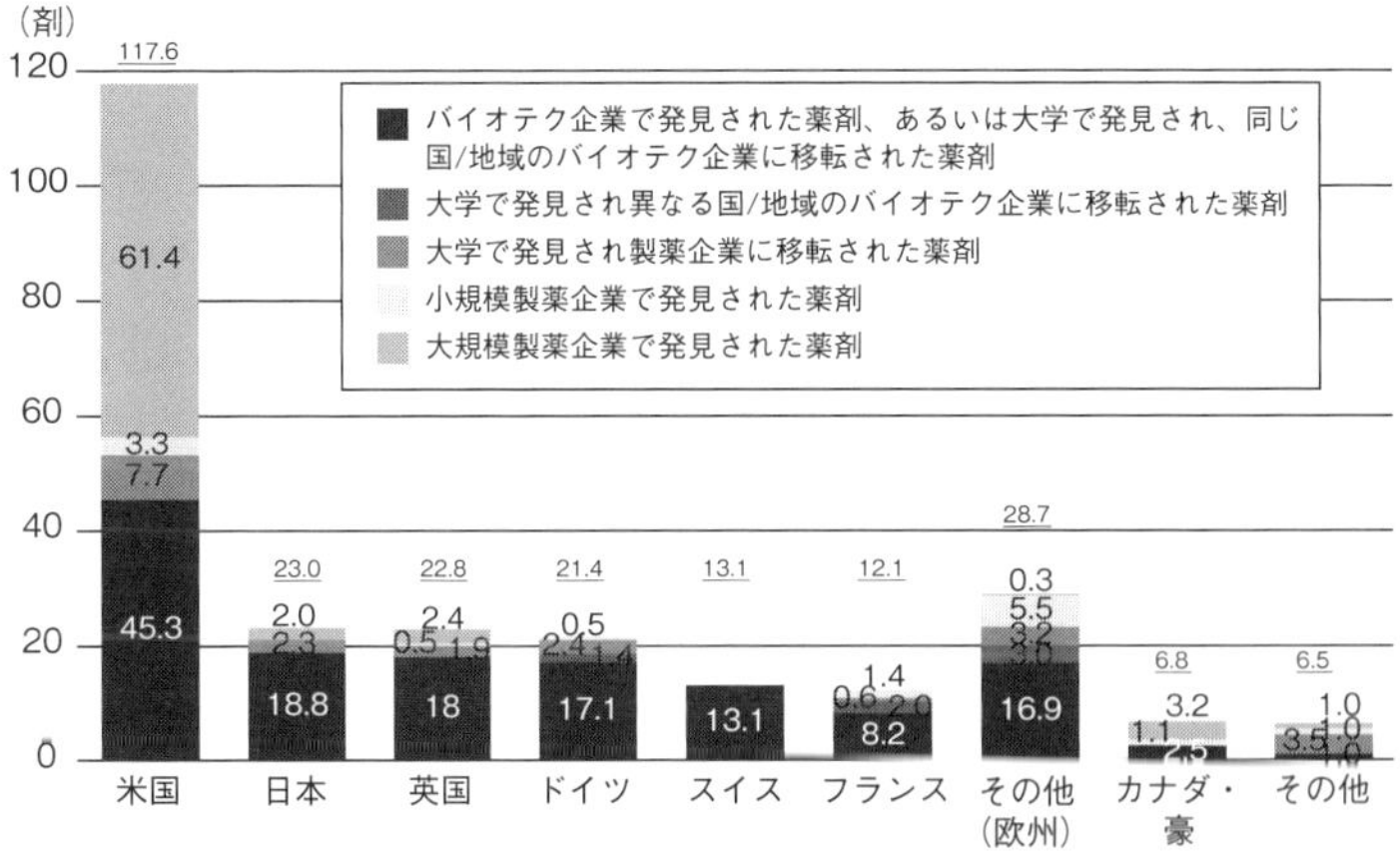

出所 Kneller R., Nat Rev Drug Discov. 9(11), 2010から引用し著者が改変

3－6 2つのリサーチ・クエスチョン

神戸大学MBAの修士論文では、私は、創薬におけるアカデミアの役割と課題の解明を中心に据え、2つのリサーチ・クエスチョンを設定し、定性的な検討を行った。

第1のリサーチ・クエスチョンは、産学連携において、アカデミアと企業という異なる主体の間にどのようなギャップが存在するか、である。

第2のリサーチ・クエスチョンは、そのギャップを埋める上で重要な要素は何か、そして、そこにはどのような文脈やマネジメントがあるか、である。

産学連携とは「産学間のギャップが相互作用を通じて埋められていくプロセス」と捉え

られる。研究にあたっては、アカデミア、製薬企業のそれぞれに所属する研究者のインタビューを通じて、以上の2つのリサーチ・クエスチョンの検討を試みた。

アカデミア・製薬企業における相互作用により、両者の間に存在するギャップが調整され、埋められる。そのプロセスを通じて、結果的に両者の協力関係に根ざした製剤、事業、市場が形成され、イノベーションが創出される。このように考え、神戸大学ＭＢＡの修士論文においては、創薬イノベーション・プロセスにおけるアカデミアの役割と課題を明らかにすることに努めた。

私の神戸大学ＭＢＡでの修士論文の構成は、5つの章から成る。第1章では、研究の背景として、日本の創薬研究開発の現状について論じ、問題意識と研究の目的を述べた。第2章では、産学連携に関する先行研究の中でも、アカデミアの研究者の価値観と研究行動、イノベーションとギャップならびに架橋問題、さらにオープン・イノベーションに関する先行研究を中心にレビューを行い、リサーチ・クエスチョンへのアプローチを示した。第3章では研究方法を示し、第4章ではアカデミア、製薬企業、バイオベンチャー、ＰＭＤＡに所属する創薬に携わる研究者、経営者などからインタビューを行い、アカデミアと製薬企業とのギャップを明らかにし、それを埋めるコンテクスト、マネジメントを分析した。第5章では第4章で得られた分析結果と知見を踏まえて考察し、実践的なインプリケーションを導き出すとともに、今後の課題を示した。

3-7　本研究でわかったこと

3-7-1　アカデミアと製薬企業の間のギャップ

前述のように、私はこの研究で、創薬におけるアカデミアの役割と課題の解明を中心命題に据え、(1)産学連携において、アカデミアと企業という異なる主体の間にどのようなギャップが存在するか、(2)そのギャップが埋められる上で重要な要素は何か、また、そこにはどのような文脈やマネジメントがあるか、というリサーチ・クエスチョンを設定した。

アカデミアの研究者は自主独立しており、その価値観も一様ではない。企業などの組織マネジメントとは対極に位置している。しかしながら、医学、創薬だけでなく、工学、IT分野など見渡しても、経済社会に貢献することを目的として推進されている研究も数多く存在し、アカデミアがイノベーションとは無縁の存在ではありえないといえる。

たしかに現時点では、創薬において、アカデミアと製薬企業の間には大きなギャップが存在している。しかしピーター・F・ドラッカー氏は、ギャップそのものが、イノベーションを生み出す機会となる要因だという。ドラッカー氏が挙げるギャップには、(1)業績のギャップ、(2)認識のギャップ、(3)価値観のギャップ、(4)プロセスのギャップがある（『イノベーションと企業家精神』ダイヤモンド社、2007年）。

本研究では、産学間のギャップを埋め、摩擦を減じていくプロセスの中から、イノベーションが創出されるとする立場をとった。アカデミア、製薬企業に属する研究者に加え、創薬を担うプレーヤーであるバイオベンチャーの経営者、ＰＭＤＡの審査官にもインタビューを行うことにより、創薬イノベーションの創出のために克服すべきアカデミアと製薬企業の間のギャップを明らかにした。

3－7－2　研究に対する価値観

リチャード・R.・ネルソン氏がいうように、アカデミアの使命は、科学成果を公開し、「科学への共有地」に貢献することである（"The market economy, and the scientific commons." *Research policy*, 33(3)、２００４年）。科学者の発見した真理が公表され、それが科学者の名声となって社会的に認知される。科学者が追求しているのは、この名誉であり、研究の価値は誰が最も早くその新しい知識を発見し、論文投稿したかという優先順位によって決まる。そのために多くのアカデミアは、一刻も早く成果をあげ、学術雑誌に投稿しようとする。

本研究でのインタビューを通じてわかったことは、実際に日本で創薬に携わっているアカデミアの研究者は、総じて製品化に向けて必要な道筋を描き、必要な研究を考える意識、すなわち出口戦略を明確に持っていることだった。しかしながら、アカデミアのなかにも、製剤化へ向けバイオベンチャーと深く連携し、ビジネスマインドを持って積極的に開発に関わる方向性を示す研究者がいる一方で、アカデミアはバイオロジーの追求や疾患メカニズムの解明に重心を置き、開発はベンチャーや製薬企業に委ねるべきだとする価値観をもつ研究者もいた。

一方、製薬企業の研究者は、単なる知的好奇心で研究は行わない。彼らは、利潤追求という企業のミッション・戦略に沿って研究を行う。

そのために、研究に対する価値観はアカデミアの研究者と製薬企業の研究者とでは異なるのが当然である。産学連携においては、この価値観のギャップはお互いに認識する必要がある。本研究でわかったのは、この研究の価値観のギャップは、創薬イノベーションの阻害要因となるわけではないということである。むしろ、次に述べる創薬に対する認識のギャップの方が、産学連携においては阻害要因になりうる。

3－7－3　研究ターゲット、研究に対する認識、研究の方向性

インタビューを行ったアカデミアは、それぞれ研究成果の実用化への意識の高い研究者であったが、従来、製薬企業がターゲットとしてきた低分子化合物ではなく、さらに進んだ「Scientific Novelty」といわれる遺伝子治療、細胞治療の領域を研究ターゲットとしていた。

一方、製薬企業は、研究ターゲットを自社の強みと、世の中のアンメット・メディカルニーズ、そしてマーケットの大きさを勘案し、自社が狙うべき領域や分野を戦略的に絞り込む。アカデミアが研究の価値があると考えている領域でも、製薬企業側からすると、興味はあるが、企業戦略として対象から外す領域という場合もある。アステラス製薬の稲垣治氏は「製薬企業

は、アカデミアが行う研究のすべてを受け入れる受け皿とは成り得ない」と語っていた。

この部分がアカデミアと製薬企業の双方にとっての最も大きなギャップであり、コンフリクトとなっている。つまり、アカデミアにとっては「こんなに新規性があり、どこの研究室も、製薬企業も取り組んでおらず、また動物実験でも有効性が示されているシーズなのに、どうして製薬企業は一緒に開発しようとしないのか？」ということになる。

アカデミアは、画期的な新薬につながる可能性のある新知見をそのまま「創薬シーズ」と捉えがちである。アカデミアは、新規生理活性物質を見つけたり、病態時に特異的に発現したりしている因子を同定すると、それだけで創薬研究上の有望なシーズであると提案する。しかしながら、それは単に「創薬となる可能性を秘めたアイデア」にすぎないというのが、製薬企業の言い分である。

製薬企業が考える創薬シーズとは、新たな薬となる可能性が実証された、ＰＯＣ（proof of concept）試験に成功したものに限られる。状況証拠以上の裏付けのないデータでもって、企業は多額の研究費を投資するようなリスクテイクはしない。このように、同じ創薬シーズという言葉を使っていても、アカデミアと製薬企業の間には大きな認識のギャップがある。

勿論、このような製薬企業の考えに対しては、アカデミアやバイオベンチャーの経営者からの反論もある。

「製薬企業は、自分たちのニーズに合致しないので導入は難しいと言うが、それはアカデミアのシーズを真に理解できていないだけだ」

つまり、製薬企業がシーズ評価を行う基準は、自社の持つ知識、ノウハウを前提にしており、アカデミアがターゲットとしている「Scientific Novelty」の領域への理解、評価に欠けている。そのために解消不能なギャップが出現してしまうというのである。

本研究ではこのような製薬企業とアカデミアの研究上の認識のギャップ、すなわち創薬事業のコンテクストの理解度のギャップを解消するために必要な要素は、第1にネットワーク機能であり、第2に評価機能であると結論づけた。理解度の距離を縮めるには、まずは共通の知識、理解の土台となるネットワーク構築が必要である。さらに、アカデミアが製薬企業に自らのシーズの有用性を、相手が理解できるように説明する能力が求められる。製薬企業がアカデミアのシーズを評価する〝ものさし〟を持っていないのであれば、その〝ものさし〟(評価機能)も提供しなければならない。

3-7-4　アカデミアと製薬企業のギャップを埋めるための要素

✓ネットワーク機能（境界連結機能）：

アカデミアと製薬企業の研究者の両者にとって、人的・組織的ネットワークの形成は、長期的な関係構築や、両者間のギャップを埋めるための重要な要素だといえる。イノベーションを創出するためには、異なる組織間を架橋する境界連結機能が重要であることは原拓志氏の研究からも明らかである（「生命科学分野における日本のＴＬＯ」『國民經濟雜誌』，第１９０巻，第４号，２００４年）。本研究からも，創薬には研究ネットワークの構築が必要であり，境界連結機能が重要となることが浮かび上がってきた。産学連携において，シーズや技術の移転は，境界連結者のコラボレーションに伴うコミュニケーションを通じて行われる。そこでは，まず初めに言語共有化がなされなければならない。

本研究のインタビューでも，あるアカデミアが製薬企業にシーズを売り込んだ際に，「そのデータにはビジネスの匂いがしない」と製薬企業が断ったとのエピソードを聞いた。これは，言語の共有化がなされていないために生じた問題と考えられる。アカデミアの研究者が製薬企業の開発責任者が理解できる言葉でデータを説明できなかったのかもしれないし，製薬企業がどのようなデータを望んでいるのか理解できなかったのかもしれない。あるいは製薬企業が，データの内容やシーズの有用性を理解できなかったのかもしれない。

いずれにせよ，言語の共有化ができて初めて，アカデミアと企業の間でダイアローグ（対話）が進み，知識のやりとりが行われる。ここでやりとりされる知識には，最先端の未だ定型化されない暗黙知が含まれる。これは論文などに書き記されたコード化された知識ではなく，人に体化されており，その交換には人との接触が必要となる。企業が基礎研究を行う大きな理由は，基礎研究そのものを学び，高度な暗黙知をやりとりする能力を獲得維持し，アカデミアの研究者との間のインフォーマルなネットワークに入り，暗黙知をやりとりすることにある。

両者間での知識、経験の共有化に基づく信頼関係や、オープンなコミュニケーションによる相互作用の形成が、両者のギャップの解消には必須となる。

現在の日本では、米国に比較して、アカデミア、製薬企業、バイオベンチャー、ベンチャーキャピタル、規制当局など、創薬事業の主要プレーヤー間の人材交流、雇用流動性が低い。本研究のインタビューでも多数のインタビュイーが、雇用流動性の低さが、言語の共有化や、知識、経験の共有化に基づく信頼関係の構築を阻害し、アカデミアのシーズ・知識の製薬企業への移転が進みにくい要因の1つとなっていると指摘していた。特に、今回インタビューを行った製薬企業の開発責任者は医師でもあり、臨床経験もある人たちである。ＰＭＤＡの川原正行氏についても、医師であり、メガファーマや米国バイオベンチャーでの企業勤務経験もある人物である。「バイリンガル」や「マルナリンガル」の彼らの指摘には説得力がある。

✓評価機能：

加納信吾氏、そして児玉文雄氏の技術移転有効フロンティア曲線モデルでは、企業の機会評価能力が高まれば、ギャップが解消され、シーズ移転が可能とされる（「産学連携における選択肢の比較分析」『蛋白質核酸酵素』、第45巻、第6号、2000年、「産学連携論考」『技術と経済』、第449巻、2004年）。しかしながら、本研究を通じて、製薬企業の機会評価能力は、単に受け手の製薬企業の能力だけではなく、送り手のアカデミアの評価・説明能力（アカデミアが自身の研究成果を適正に検証し、それらを企業に説明する能力）にも大きな影響を受けることが判明した。特に、創薬事業のコンテクストの理解度のギャップを埋めるプロセスにおいて、アカデミアの評価・説明能力は重要となる。

創薬とは研究と開発から成り立っている。この基本的な認識が、アカデミアの研究者には乏しいことを、製薬企業の責任者は口を揃えて語っている。アカデミアの多くは、自らのシーズが製剤化された場合、その薬剤の「対象疾患に対する明確な位置づけ」や「想定するマーケット」は何かという、製薬企業にとっての最も重要かつ要求度の高い情報を開示せず、製薬企業が魅力に感じるような効果的な説明ができない。

製薬企業も生活習慣病をターゲットにした従来のブロックバスターモデルから、テーラーメイド医療への転換を迫られている。必然的に小さな市場をターゲットにするため、これまでのような莫大な資金と時間を研究開発に投資することはできなくなっている。ブロックバスターは、本来であればあまり効果の期待できない患者にも投与されることがあり、それが大きなマーケットとなり、驚異的な売上につながっていた。

しかしながら、処方を行う医師から見れば、「対象疾患に対する位置づけ」が明確な薬剤であれば、むしろ投与する機会は増すことになる。仮に患者数が半数のマーケットであっても、投与率を高めることで売上げは下がらないとも考えられる。このような予測説明を、開発におけるシーズ移転局面で、医師であり研究者でもあるアカデミアが製薬企業に行えば、認識のギャップは自ずと解消するはずである。このようにアカデミアと製薬企業とのネットワーク機能、シーズの評価・説明能力を高めていくことで、シーズ・知識の移転が促進され、科学的価値をビジネス価値に結び付けることが容易になっていくと考えられる。

3-8 創薬をめぐるアカデミアの今後の課題

アカデミアをめぐる最近の政策論議では、その研究成果やシーズの企業への移転と実用化の促進を通じて、イノベーションを起こし、新規産業創出の原動力とすることが強調されている。政府も医薬・医療を成長戦略の中核と位置づけているが、一国における創薬は、基礎科学と臨床科学、そして製薬産業の総合力が試される事業である。これまでにも、経営学領域では製薬企業の視点から、研究開発戦略や研究開発組織のマネジメントが分析されてきた。しかしアカデミアにおける創薬やトランスレーショナル・リサーチのマネジメントに関する研究の蓄積は少ない。創薬における産学連携が強く求められている今、アカデミアと製薬企業とのギャップに焦点を当て、そのギャップを解消するためのコンテクストやマネジメントを分析した点に、本研究の意義はある。

本研究を通じて、アカデミアが創薬イノベーションの中で果たす役割は、製薬企業との連携に限ってみても、リニアな研究成果・シーズの源泉にとどまるものではないことが明らかになった。アカデミアによる基礎研究が、応用研究、そして開発へと進み、企業が実用化するという、リニアモデルの考え方はあまりにも単純であり、もはや、このモデルのみでは創薬イノベーションは進まない。

アカデミアが創薬イノベーションにおいて果たす新たな役割は、製薬企業が問題解決や領域拡大による新規ビジネスの展開にあたって、より高度な知識を求めてきた場合に、これらに的確に答えることである。本研究では、創薬において産学連携を行うにあたり、アカデミアと製薬企業との間には様々なギャップが存在することが明らかになった。特に重要なギャップは、研究に対する認識、ならびに創薬事業のコンテクストの理解度のギャップである。これらのギャップが存在するなかでは、知識・技術の移転はスムーズに進まず、さらには知識のフィードバックも進まない。このギャップ解消のためには、ネットワークの構築が必要である。アカデミア、製薬企業間、さらにはバイオベンチャー、規制当局をも含めた幅広い人材交流、雇用流動性の促進が求められる。

これまではアカデミアの研究者と製薬企業のインフォーマルな関係が、言語の共有化、暗黙知のやりとりを促し、両者間のギャップを埋め、知識の移転に役立ってきた。さらに近年では、オープン・イノベーションの概念を取り入れた「公募型研究提携」が注目されている。このような提携が進めば、製薬会社が、自社のコアビジネスの領域以外のアカデミアともコンタクトを持つ機会が増えることが期待できる。また、製薬企業においては、知財戦略、市場の規模や将来性などを多角的に検討し、シーズの良し悪しを見極めることのできる目利き能力の育成が期待されている。しかしながら近年、共同臨床研究において、製薬企業からアカデミアへの不明朗な研究費の流れが社会的に問題となった例もある。今後、産学連携を進めるうえでは透明性に留意し、双方の利害の状況を開示し、利益相反を適切に管理していくことが課題といえよう。

本研究では、単に受け手の製薬企業自身の評価能力だけではなく、送り手のアカデミアの評価・説明能力が、創薬事業のコンテクストの理解度のギャップを埋めるために重要であると結論づけた。アカデミアは、「Scientific Novelty」に高い価値観を置くため、そこでの創薬テーマは、製薬企業が取り組むにはリスクの高い、最先端の治療法（例えば、遺伝子治療や再生・細胞治療）となることが多い。しかしながら、このような治療法に関しては、製薬企業に評価軸がない、もしくは製薬企業が従来の評価軸で評価しようとするために、製薬企業は適正にアカデミアのシーズ・研究成果を評価できず、産学間のギャップが埋まらないという問題が生じている。これからのアカデミアに求められる課題は、公的審査機構とともに、製薬企業が拠り所とする新規治療法の評価軸を作ることである。そのためには、アカデミアが自らトランスレーショナル・リサーチを行い、シーズの有効性、安全性、ＰＯＣ（proof of concept）を示し、エビデンスを集積し、将来、製薬企業が参入する際のリスクを低減するように努めることが求められる。

4　おわりに

私が、神戸大学ＭＢＡの修士論文テーマとした「創薬におけるアカデミアの役割と課題」は、私が実務で直面していた問題であり、上司からの指示もあり、ＭＢＡでの研究テーマとして論文化した。創薬におけるアカデミアと製薬企業とのギャップ、これを埋めるためのコンテクスト、マネジメントを経営学の観点から分析することを、原拓志先生に指導していただき、経営学の面白さ、奥深さを垣間見ることができた。

しかしながら現在、私個人として、一番切迫しており、研究対象としたいテーマは、「臨床医という専門職から、若手医師の指導、病院経営の一翼を担う管理職になる移行期を迎える医師に焦点を当てて、そのキャリアの節目を迎えた医師が直面する課題を明らかにすること」である。近年では、医師研修制度の変更により、医局に所属する医師の数が減少し、かつて「白い巨塔」と称された医局制度は崩壊が進んでいる。かつての医局制度には封建的な弊害も多々あったが、現在では地方への医師派遣機能が失われたことから、地方では医師不足による医療崩壊が進行している。また、「医局＝一門」という帰属意識の強い集団の中での指導体制、個々の医師に応じたキャリアパスの提示機能も同時に崩れ、明確なキャリアパスを持つことが出来ず不安・焦燥感を持ったまま、管理職を担わされる中堅医師が増えている。

私自身もこのキャリアの節目に位置し、不安感、焦燥感を持って、神戸大学ＭＢＡにチャレンジした。ＭＢＡの１年半で、特に異業種の仲間から刺激を受けつつ勉強する中で、金井壽宏先生のキャリア研究に出会い一筋の光明を得た。私は、ＭＢＡ取得後、半年を経た２０１４年２月に神戸大学大学院経営学研究科博士課程後期課程を受験し、４月より金井壽宏先生の門下に入れていただき、新たなテーマで研究を開始することになった。

現在の日本では、医師不足による医療崩壊、病院経営の効率化などさまざまな逆風のもとで、管理職となる医師は、部下の育成、第一線の実臨床から離れる戸惑い、そしてトレードオフ関係にある医療の質と経営効率、さらには自身のキャリア形成への不安など、多くの問題を抱えている。私は、これら諸問題に直面する節目を迎えた医師に焦点を当て、さらに研究を深めたいと願っている。

Column

◆医薬品の開発プロセス

医薬品の開発プロセスは、一般的に４つの段階に分けられることが多い。

第１段階　基礎研究（新薬の候補物質を探索する段階）

第２段階　前臨床試験（動物実験などにより、候補物質の有効性や安全性を調べる段階）

第３段階　臨床試験（健康人や患者を対象に、候補物質の効果や安全性を調べる段階）

第３段階の臨床試験は、フェーズ１、フェーズ２、フェーズ３の３段階に分けて行われる。

フェーズ１は、当医薬品候補物質を健康な人に投与し、安全性を検討する試験。

フェーズ２は、実際に病気を患っている患者に候補物資を試験的に使用してもらい、有効性と安全性を検討する試験。

フェーズ２試験はさらに２つのフェーズに分けられることが多い。先に行うフェーズ２a試験では探索的に適正な用法用量が検討される。後で行われる２b試験では適正と思われる用法用量での効果と安全性が検証される。フェーズ３では、より多くの患者に投与を行い、投与群と非投与群との比較から効果と安全性の確認を行う。

第４段階　承認申請（医薬品としての製造販売承認を受けるための公的機関の審査を受ける段階）

（加護野忠男）

第8章

新薬の販売段階における提携の形成要因

北尾　環

1　なぜMBAを目指したか

私が大学を卒業した当時はバブル景気のまっ只中で、苦労なく製薬企業に就職することができた。

製薬企業に入社してからは新薬開発のプロジェクトにかかわった。その間に結婚をし、2人の子供にも恵まれた。しかし、新薬開発は成功確率が極めて低く、上市に成功するのは、候補化合物の約3万個に1つと言われるほどである。私の担当する品目も、臨床試験の段階で開発を断念する結果となった。新薬開発に失敗するという喪失感と挫折感を味わい、自分は会社に何の貢献もできず、会社にとって価値のない人間になってしまうのではないかという、不安と焦りを感じるようになっていた。

新薬開発は長期間に及ぶ。挫折したプロジェクトにかかわっていた約10年の間に、私は何度か社内資格を昇級し、開発の断念にいたった頃には、ちょうど管理職試験を受ける時期になっていた。

振り返ると入社した頃は、男女雇用均等法が施行されたばかりで、管理職に就く女性は少数であった。

社内で自分の周りを見渡した時に自分がお手本にしたいようなキャリアモデルの女性は見当

たらない状況だった。自分が成長するためにしっかりとした学びをしたいと思ったが、MBAは自分にとってかなりハードルの高いものだった。

当時の状況として、2人の子供たちはともに小学生で、毎日の生活は育児と仕事をこなすことで精一杯だった。この上に時間を捻出してMBAに通うことは時間的な面だけでなく、体力的にも精神的にも無理と諦めていた。自分が成長できることを何かやらねばという思いが、湧き出ては消えるということを繰り返しながら、何年かが過ぎた。

この間に会社では課長に昇進し、部下を持つようになった。仕事の中心は事業開発業務となり、他社との提携や交渉を担当する上で、事業の価値や市場性、収益性、そして組織運営の判断のベースとなる知識があれば、と思うことが度々あった。また、事業開発だけではなく、研究の企画や当局対応の部署にも異動し、そこでの課長職も経験した。知識やスキル面では部下に及ばないような部署での組織運営、そして部下とのかかわり方にも悩むようになった。こうした経験を経て私は、マネジメントについて学び、成長したいという思いを強めていった。MBAを意識し始めてから既に10年以上が経過していた。この頃には子供たちも成人に近付き、子育ても一段落し、温め続けていたMBAへの思いが高まった。

気力、体力面からもう今しかないと一念発起し、MBAに行こうと決心した。

2　神戸大学MBAの受験を決める

ＭＢＡに行くことを決心してからは、各大学のＭＢＡのパンフレットを集めてカリキュラム、自宅からの通学時間、学費等を検討した。

その中の1つに、子供が当時在学していた大学があった。子供が貰ってきてくれたパンフレットから、通学は平日の夜1回と週末だけでＭＢＡが修得可能と知った。その大学は、どちらかと言えば老舗企業の継承や中小企業の経営者向けのカリキュラムになっていた。自分が求めているカリキュラムとは少し違うかなと思うこともあったが、通学のしやすさ、学費等からこの大学を第一候補にしていた。

そんなときに、ちょうど仕事でお世話になっていた方にＭＢＡコースへの就学を考えていると打ち明けたところ、「それなら神戸大学が絶対によい」「ＭＢＡの教授陣が素晴らしく、フィールドワークとチーム活動の多いカリキュラムに加え、ＭＢＡの学生が個性豊かで面白いメンバーが揃っている」と聞いた。

それまでの私は、ＭＢＡは坐学が中心と考えており、ましてや同級生が面白いかどうかはどうでもよいと思っていた。

早速、神戸大学ＭＢＡのホームページに収載されているＭＢＡの在学生やＭＢＡ紹介文を読んでみると、思っていたような坐学ではなく、授業の中心はグループディスカッションやフィールドワークになっており、それが神戸大学の看板になっていると知った。また、神戸大学ＭＢＡの学生が多種多様な業界、職種から集まっていることにも興味をそそられ、神戸大学ＭＢＡが魅力的に思え始めた。通学時間も何とかなりそうだ。神戸大学ＭＢＡの入試に合格する自信はなかったが、せっかくＭＢＡに行くなら諦めずにやれることはやろうとの気持ちで神戸大学ＭＢＡの受験を決めた。

3　体力と気力の勝負

神戸大学ＭＢＡでの日々は、初日から体力と気力の勝負だった。最初の授業で発言によってクラスへの貢献度を評価されるという流儀を知り、居住地域別で分けられたケースプロジェクトのチームでは、教室で何時間も企業研究についてディスカッションをした後に、その延長戦を居酒屋で終電まで続けるのが通例となった。ケースプロジェクトで「オールジャパン」と名付けたチームには、東京や中四国から毎週泊まりがけで通学している人たちもいた。

毎週何冊もの課題本を読み、レポートを作成し、土曜は約12時間、金曜の夜は約4時間の授業を受け、日曜やそれ以外の平日はチームで集まったり、スカイプでディスカッションをしたりと、息もつかずに走り続ける1年半となった。中身の濃い1年半を過ごし、神戸大学ＭＢＡ

を無事修了できたことは自信につながった。会社の仕事に加え、家庭でも主婦業があり、普通の大学生に比べて時間制約が多い中、限られた時間で必要なことをやりくりする優先順位付けとタイムマネジメントの鍛錬ができた。

バブル景気の中で大学生活を送り、大学で学んだという記憶が少なく、学生時代にもっと勉強しておけばよかったと、悔いの残っていた私が、学ぶことのワクワク感と喜びを味わうことができた日々だった。学び続けることの大切さを気づかせてもらった。

神戸大学ＭＢＡでは経営の基礎知識は、ほとんど教えられない。大学院なのだから当然ともいえるが、神戸大学ＭＢＡでは、経営や事業に関するベーシックな理論や知識を学ぶのではなく、生きた経営戦略の事例を失敗も成功も含めて自分たちで腹落ちするまで研究する。神戸大学ＭＢＡのプロジェクト研究では、ものごとの本質を捉えるために経営者、従業員、従業員の家族の方々にインタビューをするというフィールドワークが重視されており、答えは現場にあることを体感することができた。同級生が海外に赴き、現地でインタビューをして授業で調査結果を披露した行動力には驚いた。チームで自由にテーマが選べる企業研究では、私たちは「従業員がイキイキと自発的に働いている企業の研究」をテーマに選び、従業員の家族にまで及ぶ経営者の思いと、従業員同士の心理的距離の近さが自信、自立、成長につながるという発見をした。神戸大学ＭＢＡには学問の枠を越えた、人生についての学びがあった。

4　製薬企業間の新薬の販売段階における提携

4－1　製薬企業を取り巻く環境の変化

神戸大学ＭＢＡの授業で外部講師の先生から、「製薬企業は高収益産業なんだから、下手に戦略を考えてアクションを起こすとロクなことはないよ」と言われたことがあった。確かに今後の日本は高齢化がますます進み、生活習慣病や慢性疾患などに対する医薬品の需要は増えるであろう。

しかし、製薬企業を取り巻く環境は、この数年で大きく変わった。２０００年以降、新薬は世界レベルでの開発が進み、新薬のエビデンスを立証するために巨額の開発費を必要とするようになった。一方、２０１０年頃には製薬企業にとって収益源となっていた大型医薬品が次々と特許切れを迎えた。追い打ちをかけるように２０１０年以降は、日本政府が強力に医療費抑制のための後発品使用促進策をとり、特許切れを迎えた医薬品は安価な後発品への置き換えが進んだ。同時に薬価改定により、医薬品の価格は大きく下落した。

こうした環境の劇的な変化に対応せざるを得なくなった製薬企業は、独立独歩で成長を続けることは不可能と考え、自社技術に頼っていた研究開発の手法を大きく変えた。製薬企業は組織の改編により、ポストを減らしたり、人員削減を進めたりすることによって、捻出した資金を提携やＭ＆Ａに回し、外部資源を使うことで新たな収益源を確保しようとするようになった。

変化する製薬企業の事業戦略を踏まえて、自分とかかわりが深かった「提携」について経営学の視点から分析し、新たな知見を見出したいと考えた。一言で「提携」といっても、製薬企業同士の販売段階の医薬品での協力、開発段階にある医薬品での協力、そして研究段階にある新たな医薬品の創製での協力と、製薬企業の提携の目的やかたちはさまざまである。そのなかで、神戸大学ＭＢＡの修士論文の研究では、自分がこれまでに携わった販売段階での提携に焦点を絞ることにした。そして、製薬企業間の新薬の販売段階における提携がなぜ、どのような場合になされるのかを論文の主題とすることにした。

4-2　修士論文の問題設定

まず調べたのは、新薬の販売段階での提携がどのくらい行われているかである。国内で２０００年以降に承認された新薬のうち、研究開発活動の提携と考えられる共同開発品と、販売段階の提携の状況を調べた。２０００年以降の新薬５３０品目のうち、共同開発品はわずか19品目だったのに対し、販売段階の提携品は１１０品目であり、新薬のうち20％以上が販売段階で提携を行っていた。販売段階における提携は、共同開発よりも割合が高く、製薬企業の事業の中で一定の地位を占めているといえる。図表８-１には新薬承認数、新薬の中の販売段階

図表８－１　2000年以降の新薬数とそのうちの販売段階の提携品目数、共同開発品目数の推移

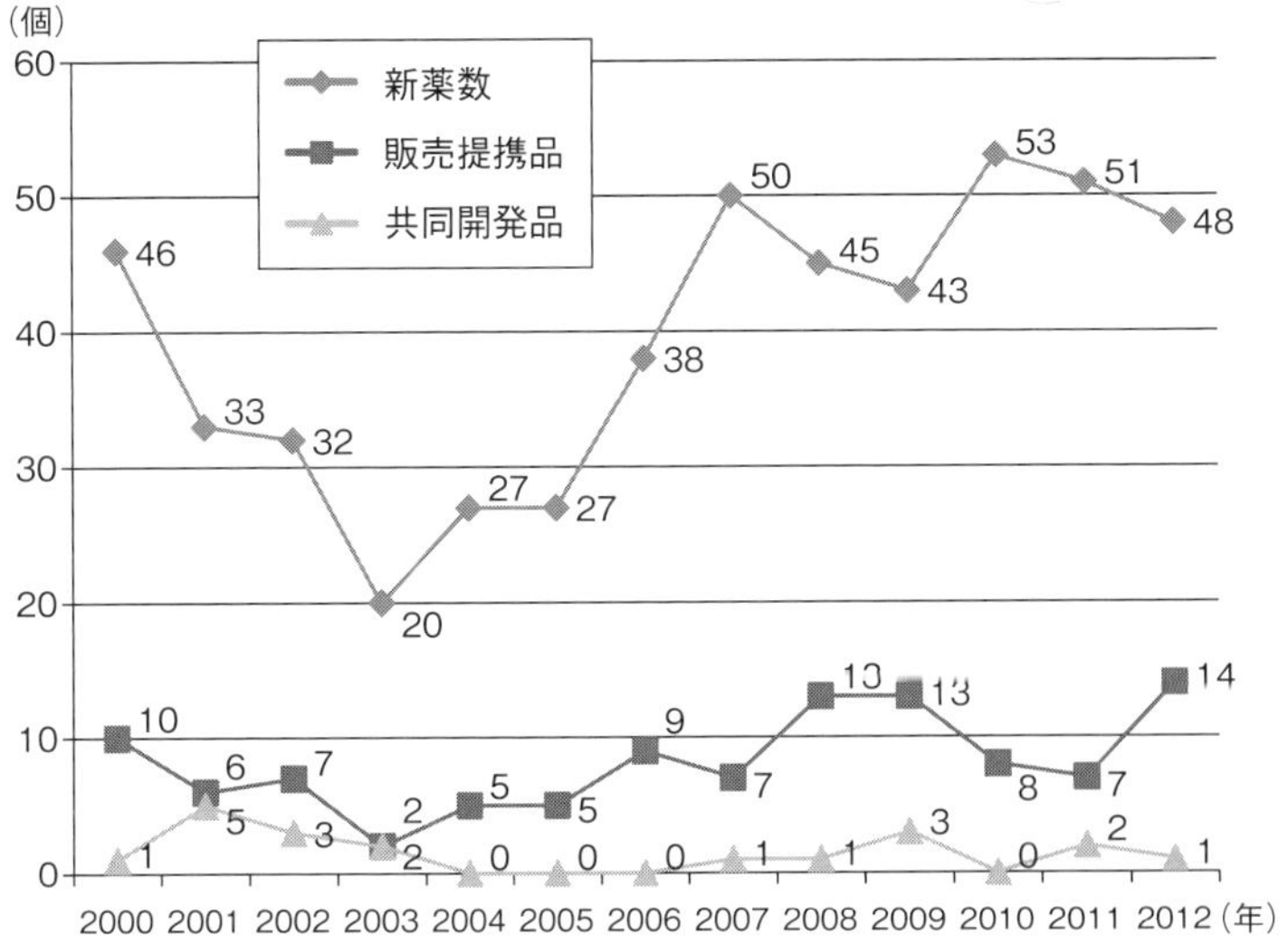

出典：独立行政法人医薬品医療機器総合機構[1]（2013）「新医薬品、新医療機器承認品目一覧」をもとに筆者作成

における提携品目数、共同開発品の承認品目数の年次推移を示す。

製薬企業の事業において少なからぬ役割を果たしている販売段階の提携だが、実践の場でより効果的な提携を行うためには、提携の形成要因を探る必要があると考えた。そこで本研究のリサーチクエスチョンとして、以下の２つの課題を設定した。

✓リサーチクエスチョン１：医薬品の新薬の販売段階での提携は、どのような場合に行われるのか。

1　独立行政法人医薬品医療機器総合機構とは、厚生労働省所管の独立行政法人で医薬品、医療機器等の審査および安全対策、ならびに健康被害救済の三業務を行う。

図表８－２　新薬の販売段階における提携の形成要因

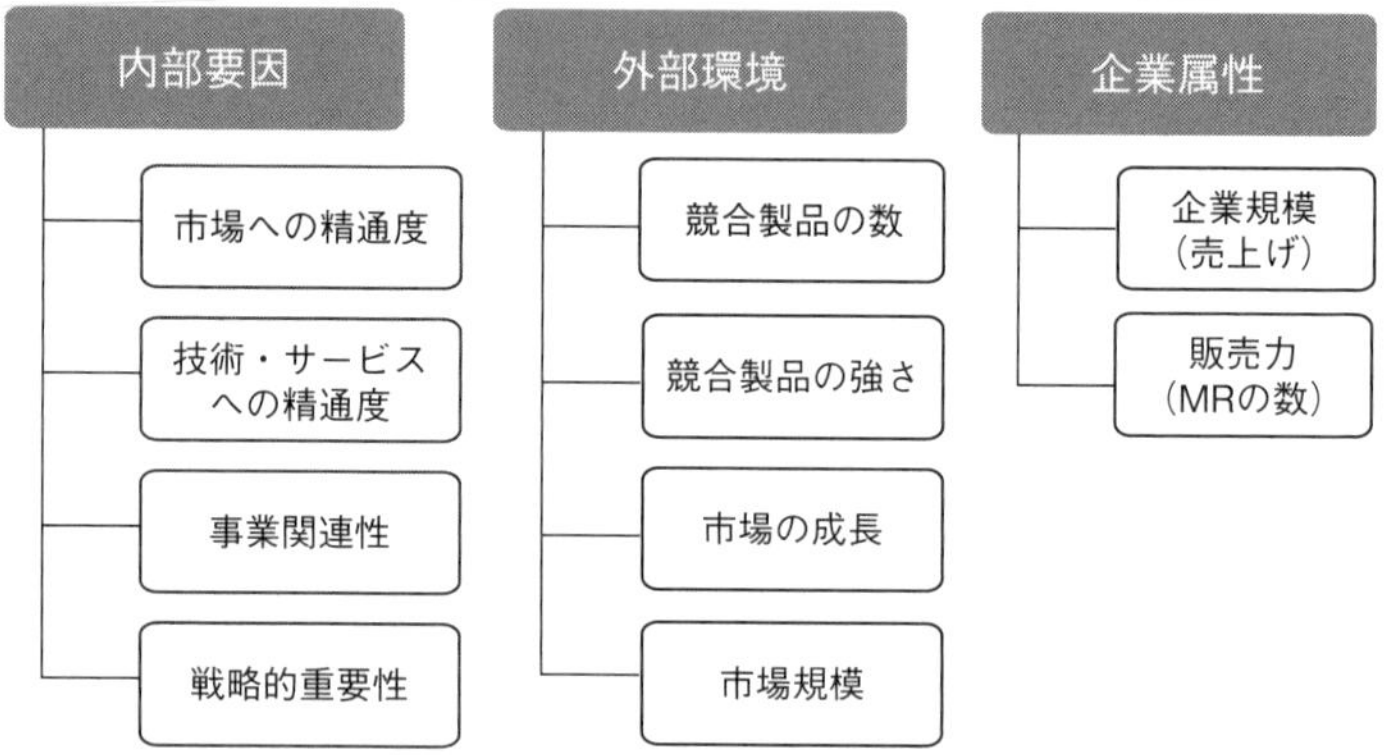

出典：筆者作成

✓リサーチクエスチョン２　医薬品の新薬の販売段階での提携において、導出企業はどのような理由から、どういう相手を提携先として選んでいるのか。

分析対象は、国内で２０００年１月から２０１３年５月までに承認された医療用医薬品を保有する上位製薬企業30社とその販売段階での提携先企業とし、これらの製薬企業の新薬３４８品目（販売段階で提携していない品目２７８品、提携している品目70品）を取り上げ、データセットを作成し、分析を進めた。

4-3　本研究の分析のフレームワークと進め方

本研究では、製薬企業の新薬の販売段階における提携について、その形成要因を分析するために、説明変数と非説明変数を設定し、データセットを作成し、分析を進めた。説明変数の設定にあたっては、マイケル・E・ポーター氏の5 Forces（『競争の戦略』ダイヤモンド社、1982年）、ロバート・A・バーゲルマン氏のCorporate Entrepreneuership Matrix（"Designs for Corporate Entrepreneurship in Established Firms," *California Management Review*, Spring 1984）、そしてエドワード・B・ロバーツ氏とチャールズ・A・ベリー氏のFamiliarity Matrix（"Entering New Businesses," *Sloan Management Review*, 26, 1985）を参照した。

本研究の説明変数と非説明変数は以下である。

【説明変数】

✓製薬企業の内部要因

「市場への精通度」：新薬の対象となる診療科における当該製薬企業の販売品目数を指標として、5段階スケールで評価した。

「技術・サービスへの精通度」：新薬を当該製薬企業が単独で開発した場合は、当該新薬に係る「技術・サービスへの精通度」が高いと見なして最高評価とし、新薬の開発における当該製薬企業の他社との共同の度合いを指標として5段階スケールで評価した。

「事業関連性」：新薬と同一の市場分野（薬効分野、関連作用機序、関連物質）における当該製薬企業の販売品目の数を指標として、5段階スケールで評価した。

「戦略的重要性」：5段階スケールで評価した。最高評価はFisrt in class（作用機序が独創的かつ有効性で画期的な医薬品）、またはBest in class（既存薬に対して有効性あるいは安全性などで明確な優位性を持つ医薬品）の新薬とした。2番目の評価は既存品を凌駕している「医療用配合剤」とした。3番目の評価は同一機序で2番手に発売された新薬とした。4番目の評価は新薬の剤型を改良したあるいは投与経路を変更し、利便性を改善した新薬とした。5番目の評価は、同一機序で3番手以降のものとした。

✓製薬企業の外部環境

「競合製品の数」：新薬が対象とする市場分野での競合医薬品の数を指標として、5段階スケールで評価した。

「競合製品の強さ」：新薬が対象とする市場分野での競合医薬品のシェアを指標として、5段階スケールで評価した。

「市場の成長性」：新薬が対象とする市場分野の成長率を指標として、5段階スケールで評価した。

「市場規模」：新薬が対象とする市場分野の売上額を指標として、5段階スケールで評価した。

✓製薬企業の属性

「企業規模（売上額）」：当該企業の売上額を指標として、5段階スケールで評価した。

「販売力（ＭＲ数）」：当該企業のＭＲの数を指標として、5段階スケールで評価した。

【非説明変数】

「提携の有無」：新薬の発売段階での提携の有無を確認し、ダミー変数とした。

本研究では、まず分析対象の新薬348品目の1つひとつについて、以上の説明変数と非説明変数の評価を行った。続いて、この評価結果をもとに作成したデータセットを用いて、プロビット・モデルにより、説明変数が非説明変数におよぼす影響の分析を行った。なお、モデル適合度検定としてはカイ二乗検定を用いた。

4-4　本研究のインプリケーション

4-4-1　導出企業の立場から

本研究では、新薬の販売段階における製薬企業の提携活動に見られるいくつかの傾向と、その時代の中での変化が明らかになった。まず製薬企業の間に広く確認されたのは、新薬を開発し、販売段階での提携を検討する製薬企業（導出企業）は、自社の内部要因である「市場への精通度」と「事業関連性」が高ければ、提携を行わず、自社単独で販売を行うようになる傾向が強まる、ということである。

とはいえ、「市場への精通度」や「事業関連性」が高い場合にも、新薬の販売段階で提携を行う製薬企業がまったく存在しないわけではない。これらの少数の逸脱事例（14事例）をさらに検討したところ、そこでは市場規模が大きく、競合相手が強い場合に、販売段階での提携が行われる傾向があることが明らかとなった。その背景には、２００８年頃から進んだ政府による薬価制度改革の影響があると考えられる。また、後発品使用促進策により、特許切れとともに後発品にシェアを奪われ、先発医薬品による収益が急速に失われるようになったことも要因と考えられる。製薬企業にとって重要性が高く、市場への精通度がある品目ではあっても、売上目標を一刻も早く達成するために、市場規模が大きく、かつ市場のリーダー（強い競合相手）がいるような分野では、提携を選ぶ。このような逸脱事例が、医療行政の変化を受けて、２００８年頃より急激に増加している。

従来、製薬企業の間には「市場への精通度」や「事業関連性」が高ければ、提携を行わず自社単独で新薬の販売を行う傾向が強かった。しかし近年では、「市場への精通度」や「事業関連性」が高いにもかかわらず、新薬の販売段階において提携を行う逸脱事例が見られるようになっている。これらの逸脱事例の多くは、高い市場順位を占めており、成功しているものが多い。なお、こうした逸脱事例は現在のところ、外資系企業を中心にした一部の製薬企業に見られる傾向であり、一般に広く採用されているとは言い難い。

以上を踏まえると、今後については市場規模が大きく、かつ市場のリーダーがいるような分野においては、製薬企業は新薬の販売段階において、提携による迅速な収益の拡大を検討するべきである。そのような市場の例としては、糖尿病や循環器といったプライマリー市場があげ

図表８－３　逸脱事例の14品目

疾患	品　目	開発企業（導出）	提携先（導入）	市場規模	競合相手	2001年	…	2005年	2006年	2007年	2008年	2009年	2010年	2011年	2012年	2013年
胃潰瘍	ネキシウム	アストラゼネカ	第一三共	5	2											
糖尿病	テネリア	田辺三菱	第一三共	5	1											
高血圧	ミカムロ	日本BI	アステラス	5	3											
高血圧	ミコンビ	日本BI	アステラス	5	3											
高血圧	カデュエット	ファイザー	アステラス	5	5											
高脂血症	リピトール	ファイザー	アステラス	5	1											
感染症	ジェニナック	大正富山	アステラス	5	1											
感染症	プレベナー	ファイザー	武田	5	1											
疼痛	リリカ	ファイザー	エーザイ	4	3											
リウマチ	エンブレル	ファイザー	武田	5	1											
リウマチ	ゼルヤンツ	ファイザー	武田	5	1											
喘息	シムビコート	アストラゼネカ	アステラス	5	1											
がん	スプリセル	BMS	大塚	5	1											
がん	ランマーク	第一三共	アストラゼネカ	1	3											

1）市場規模　5：1,000億円以上、4：500～1,000億円、3：100～500億円、2：50～100億円、1：50億円以下
2）競合相手（競合トップ製品の市場シェア）5：10%以下、4：10～20%、3：20～30%、2：30～40%、1：40%以上
3）グレーの期間が販売及び提携期間
出典：筆者作成

られる。プライマリー市場は市場規模も大きく、競合相手も強いだけでなく、他剤との差別化のために膨大な症例数のデータを収集してエビデンスを示す必要があり、データ取得に莫大な費用がかかる。こうした分野では、自社が開発した新薬の「市場への精通度」や「事業関連性」が高い場合でも、販売段階での提携を進めることに合理性がある。

４－４－２　導入企業の立場から

その他にも本研究では、新薬の「市場の成長性」が高い場合には、製薬企業は提携を選択する傾向が強まることも広く確認された。このとき新薬を開発し、販売段階での提携を検討する製薬企業（導出企業）は、自社よりも「市場の精通度」が高く、かつ「技術・サービスへの精通度」、「企業規模（売上額）」および「販売力（ＭＲ数）」が低い企業を、販売段階での提携先（導入企業）として選択する傾向があることもわかった。

これを導入企業の立場から見た場合、自社の外部環境において「市場の成長性」が高いほど、また内部要因において「市場への精通度」が高いほど、新薬導入における販売上のパートナーとして選択されやすいということになる。さらに言えば、市場への精通度が高ければ、企業規模や販売力は導出企業よりも劣っていても、導入企業として選ばれる可能性を確保できる。その例として、人手製薬企業から一定の分野に強みをもつ中堅製薬企業（スペシャリティファーマ）への導出が考えられる。スペシャリティファーマとは、製薬企業が注力している特定の分野において，国際的にも一定の評価を得る研究開発力を有する新薬開発企業であり，規模の大小は問わない様々な製薬企業が対象となる。

開発力が限定される中堅製薬企業にとっては，販売段階の提携先として導出企業に選択されることは，自社開発に頼らない新薬の導入を広げる機会となる。このような販売段階の提携先の候補となるためには，中堅製薬企業にとっては，市場への精通度を高めることも重要であるが，本研究の結果からは，それだけではなく，外部環境にも目を向け，成長性の高い市場分野にターゲットを絞り，その分野における市場への精通度を高めることでより効果的な導入の可能性を高めることができることが見えてくる。

5　おわりに

神戸大学ＭＢＡの修了後の私の変化としては，目に見えるものとしては，修士論文のテーマである「提携」を実践的に追求する部門に異動することができ，実績を積み重ねている。

内面的なものとしては，課題の解決策を考える際にはどのような理論，フレームワークに基づいて考えるのがよいか，をまず考えてから仕事に取り組むようになった。何よりも1つの会社や同じ業界の中にいては出会えなかった多様な業種，さまざまなポジションに就く一生の友にも出会うことができた。神戸大学ＭＢＡでの充実した1年半を過ごしたことで，いくつになっても学び続けることで人生が豊かになると考えるようになった。

Column

◆M＆Aと提携

Merger（合併）and Acquisition（買収）の略語。新事業や新市場への進出をゼロから社内で進める内部開発の方式とは違って、外部の企業や事業を買収することによって進める方式をさす。外部開発方式が採用される目的としてよくあげられるのは、時間を買うためであるといわれている。社内の内部開発では事業を確立するのに時間がかかるが、M＆Aを行えば、この時間が節約できる。

M＆Aのマイナスは、買収に際してプレミアムを払わなければならないこと、弁護士や監査法人を使って事前調査を行っても企業の内容を詳しく知ることができないこと、買収後の一体化が難しいことなどである。医薬品産業では、M＆Aによる巨額の投資リスクを避けるために、M＆Aよりも緩い提携の形態である業務提携が外部方式としてとられることが増えている。

（加護野忠男）

第9章

医薬品の探索研究段階における
プロジェクトマネジメント

中根　哲

1　なぜＭＢＡを目指したか

国内の医薬品市場は、国の政策の影響を強く受ける。そのなかで、新薬やジェネリック医薬品、さらにはＯＴＣ医薬品[1]など、人々の健康に貢献する医薬品の研究や開発が日々行われている。

他の先進国に比べて高齢化の加速が著しい日本においては、医療技術の発達と薬剤による治療イノベーションが患者のクオリティ・オブ・ライフ（ＱＯＬ：物理的な豊かさやサービスの量、個々の身辺自立だけでなく、精神面を含めた生活全体の豊かさと自己実現を含めた概念）を改善し、さらには患者を支える家族や関係者の生活をも改善することへの期待は高い。その一方で、新薬開発費用の高騰、リスク・ベネフィットの観点から新規医薬品候補の開発の中止など、世界的に医薬品の開発の難易度が増している。

私は、医薬品企業に勤務する身として、このような状況のなかで何をすべきかに思い悩んできた。自分一人では何もできないが、ともに悩む同志や同僚と協力することにより、医療イノベーションの一端を担うことができるのではないか。そのように思い悩む日々の中で、神戸大学ＭＢＡの門戸を叩いた。

なぜ私が、神戸大学ＭＢＡに入学し、何を学び、何を得たのか。以下では、神戸大学ＭＢＡ

に入学した私の動機・目的、さらには神戸大学で取り組んだケースプロジェクト、テーマプロジェクト、修士論文などの活動を通じて得たもの、そしてそれらが現在の私の業務にどのように活かされているのかについて述べていく。現在携わっている仕事やプロジェクトに思い悩んでいる方や、これからMBAを目指そうと思っている方の参考となれば幸いである。

2　直面していた仕事の壁

なぜ神戸大学MBAに入学したのか。私の場合は、MBA修了生の先輩の影響が大きい。神戸大学MBAを修了した先輩が身近にいて、MBA生としての生活や、大学での講義、研究を基礎とした教育の実際を聞くことができた。神戸大学MBAへの入学後の学業と、仕事や家庭との両立の可能性を具体的に知るとともに、先輩の在学中の経験や活動から得たであろう業務に対する考え方や、人生観に強く魅力を感じた。

さらに、その頃の私は、仕事の壁に直面しており、何とかしてこの壁を克服できないかとい

1　OTCとは、Over The Counterの略で、カウンター越しに販売する形に由来する。OTC医薬品とは、法律的には「一般用医薬品」と表現されており、薬局やドラッグストアで販売されている医薬品のことを指す。主に医師が処方する医薬品の「医療用医薬品」とは分類が異なる医薬品である。

うことを考えていた。これもＭＢＡ入学を目指した大きな理由だった。この仕事の壁とは、自分自身の考え方が画一的であり、担当する研究業務においてターゲット候補となる薬物候補や競合品の調査を効率よく進めることができていなかったことである。私の業務に対する取り組みは多面的な考えに欠け、視野の狭い主義・手法に囚われていることにより、短絡的な結論を導いていると悩んでいた。

例えば、私の担当業務の１つだった薬剤候補の適応疾患の調査では、経験や知識、そして考え方の不足から奥深い考察ができず、関連情報を検索しようとしても、何を調べるかの方向性がぶれてしまうなどの問題に、私はたびたび直面していた、こうした状況に陥ったときに、社内の先輩からもらう意見や考えは、私に足りない部分が多くあり、そのような考えの幅を増やすためにも、経営学を学ぶことは価値があると考えた。

また、複数のプロジェクトを統括するマネジャーを担当していた際には、プロジェクトマネジャーに求められる役割と、その役割に対して私自身は何ができるか、どのように活動すべきかについて思い悩むことがあった。単にスケジュールを管理し、課せられた課題を解決するだけでよいのだろうか。新薬[2]を上市していくにあたり、自分が果たすべき役割が何かを十分理解しないまま過ごしているのではないか。そのような壁に対して、研究現場からの側面や、経営側からの側面の齟齬についても考えてみたいと感じていた。

最初は、経営というものに対する興味、あるいは憧れを漠然と感じていただけだったが、プロジェクトマネジャーやミドルマネジャーとして仕事をするなかで、仕事の発想や行動の幅を増やしたり、質を高めたりするためには、経営学を学ぶことが必要だとの思いを強めていった。経営戦略、ファイナンス、ロジカルシンキング、コーチング、マーケティング、技術経営など、世界や日本で進化し続ける経営学について、他の産業の同世代が何を考えて何を行動しているかを知りたい。経営と理論と、私の経験知の齟齬と一致点について、きちんと理解しておきたいと考えるようになった。

私が選んだのは神戸大学のMBAコースであった。その理由は3つある。第1は、先輩の影響を受けていた私は、神戸大学MBAという選択肢以外は思いつかなかったこと、第2は、神戸大学MBAがプロジェクト方式を中核としたアクティブ・ラーニング的なプログラムを教育に取り入れていたこと、そして第3は、仕事をしながら通学することができたことである。

2 新薬とは、長い研究開発期間をかけて新しい成分の有効性・安全性が確認された後、国の承認を受けて発売される医療用医薬品であり、本研究ではそれ以外の医薬品ではない新有効成分含有医薬品を新薬としている。

3　神戸大学MBAでの学び

3-1　ケースプロジェクト

プロジェクト方式の教育として、私たちがまず神戸大学MBAの1年次前期に取り組んだのは、「ケースプロジェクト研究」だった。担当教員は三品和広先生。課題は「プロコリア（韓国賛）」だった。

これは、「近年台頭する韓国企業の影で、それらの韓国企業を支えている日本企業を発掘し、教訓を抽出せよ」という課題である。

半導体やテレビなどの産業において、日本企業がグローバルな競争力を失う一方で、韓国企業が成功をおさめている。このような図式の中で、したたかな行動をとる日本企業が存在する。韓国企業をライバル視するのではなく、パートナーととらえることで事業機会を広げる日本企業である。プロジェクト研究にあたっては、こうした日本企業を見つけだし、それらの企業の独自の活動のプロセスを解明することを求められた。

ケースプロジェクト研究では、三品先生があらかじめチーム編成を行っており、私は、京都／奈良に在住するメンバーのチームに属することになった。ＪＲ学研都市線や近鉄奈良線の利用者が多いことから、このチームは「チーム学研都市・近鉄」と命名されていた。「チーム学研都市・近鉄」は、ケースプロジェクト研究を進めるにあたって、事前調査を踏まえて三菱重工業の造船事業を取り上げることにした。その理由は、三菱重工業のこの事業がエンジン効率を増幅させる過給機[3]に特化して独自路線を歩んでいたこと、急激に造船数を増やす韓国の造船業との棲み分けに成功していたこと、そしてその方向性を推進した1人のミドルマネジャーの存在が見いだせたことである。テーマに合致する部分を探り、普遍的な教訓を見出すべく、私たちのチームは研究を進めた。

ここで私たちのチームメンバーを紹介しておこう。チームは5人で構成されており、2人は家電メーカー、私を含む2人は製薬メーカー、そしてもう1人はＩＴ企業の所属だった。つまりメンバーの誰も、船に関する知識は全くなく、そのベースとなる技術に関しても素人同然のメンバーだった。このメンバー構成は、過給機やエンジンの構造を理解する上では弱みだったが、わからないことだらけだからこそ、互いの知識を補い合い、情報を共有しながら研究を掘り下げようとする原動力となった。チームで課題を設定し、その経緯やプロセスを調査し、肝が何かをつかんでいく過程において必要なものは、チームのサイズ、メンバーのキャラクター、

3　過給機とは、船舶用エンジンの燃焼効率を高める装置。ターボチャージャのことである。船のエンジンは過給機がないと20～30％程度の出力が出ず、省エネルギー船に必要不可欠な技術といえる。エンジンの出力は、過給機の大きさ、数量で決まる。

リーダーとフォロワー、時間と納期の設定が必要であり、これらが揃えば課題を解決することができるということを、このケースプロジェクトを通じて私は体験から学んだ。

私たちのケースプロジェクトを掘り下げていくなかで得た重要な知見があった。各企業の現在の主力製品を支えるコア技術は、企業風土、あるいは社長や経営者の力だけから生まれるものではなく、現場力の強いミドルマネジャーの存在が無視できない。もちろんそのような情報は、会社のホームページでも示されておらず、ヒトとヒトのつながりからつかむ知見となる。私は、ケースプロジェクトを通じて出会った、あるミドルマネジャーに魅了された。このミドルマネジャーは、高い船舶エンジン技術力と強い責任感、それらを統率する強い意志に加え、先見性ある哲学を持っていた。

技術というものは模倣されるが、その製品（過給機）が目的を達成する（効率よくエンジンを動かし、故障が少なく長く使える）ことを追求し、製品を作り上げていくことを研ぎ澄ませば、真の顧客を掴むことが可能となり、強みと弱みを真摯に説明することにより、高い信頼関係を構築することができる。そのような哲学を持ったミドルマネジャーは、会社の真の財産だと思う。ケースプロジェクトからの私の学びである。

3-2　テーマプロジェクト

神戸大学ＭＢＡのプロジェクト方式の教育では、１年次後期に「テーマプロジェクト研究」

が用意されていた。担当教員は、松尾博文先生だった。テーマプロジェクトでは、ケースプロジェクト研究で学んだグループ研究プロジェクトのノウハウをもとに、テーマ構成、そしてメンバー構成は学生同士が自主的に決定する。プロジェクト受講生の自由度が増す分、プロジェクトそのものの難易度は増すというデザインになっていた。

このプロジェクトにおいて私は、私自身の仕事とかかわる医薬品産業の課題を模索したいと考えた。医薬品産業では、新たに承認される医薬品の数が減ってきている。そのなかで、製薬メーカーがどのような方向に向かうべきか、そこに向かうための課題と解決方法を模索したいと思ったのである。これは、神戸大学MBAに入学する以前より、取り組んでみたかった課題であったし、神戸大学MBAの同期の製薬メーカー所属のメンバーの声が聞けることも魅力的だった。

結成されたチームメンバーは、製薬メーカー所属とはいっても、背景が全く異なっており、研究、開発、営業、CMC[4]、生産と多様なバックグラウンドをもつメンバーだった。私を含むメンバーが持っていた共通の問題意識は、以下の3つに集約される。①現状のままでは日本

4 CMCとは、Chemistry, Manufacturing and Controlの略称である。医薬品の原薬（有効成分）・製剤の化学・製造およびその分析／品質管理などの、医薬品の研究開発業務のこと。

の製薬メーカーは、高い収益構造を維持し続けることが困難である、②新しい医薬品を研究・開発し、製造・販売するような社内のバリューチェーン体制を維持し続けることは難しい、一方で、③高成長を続けているバイオベンチャー企業の台頭を無視することはできない。

つまり、このチームのメンバーは、自身が所属する製薬メーカーに、存続の危機を感じている点でつながっていた。

調査を進める中で、ある疑問を明らかにしたいと考えた。それは、創薬ベンチャーやアカデミアから新薬が出てくる可能性である。大手製薬メーカーは、豊富な資金と優秀な研究者や開発スタッフなどを抱える一方で、創薬ベンチャーやアカデミアは、資金も少なく、人材も少数で活動をしている。そのような環境で、大手製薬メーカーも苦労する新薬開発において、幾つかの新薬候補が見出されている。大手製薬メーカーと比べて、規模が小さく、資金力も乏しく、人員スタッフが少ない創薬ベンチャーやアカデミアから、なぜ、新薬候補が出てくるのか。

この疑問を明らかにしたいと思い、チームのメンバーとともに、創薬ベンチャーの創業者などへのインタビューを重ね、インプリケーションを得ることを目指した。

インタビューにおいてベンチャー創業者が発したコメントはとても興味深く、深い洞察を与えるものばかりであった。特に印象に残っているのは、ある創業者からの「何を創薬と定義するのか？」という質問である。私は、この「創薬とは何か」という問題を、それまで自明のことと考えていた。創薬とは、研究により新薬候補を見出し、臨床試験により開発し、当局により承認されたものを販売することである。しかし、それは、製薬メーカーのみが果たす役割ではない。先のベンチャー創業者の問いは、私にこのことを突きつけるものだった。よって、私はこの問いに、真正面から殴られたほどの衝撃を感じたのだ。強い信念を持って、社会への貢献を考え、それを事業として成立させる強い気概というか、ビジネスの真髄を見た気がした。この瞬間をめぐっては、今の業務のなかでも、ふと思い出して考えることがある。おそらく、これからもその問いに対する答えを見出すべく、私は考え、行動することになるだろうと思っている。

別のベンチャー創業者からは、創立当時から事業を臨床にまで広げる考えはなかった、という話を聞いた。資金の問題、技術やノウハウなど、事業拡大に関する専門的な知識を持たなかったということもある。しかし、ポジティブにこの発言を理解すれば、小さい・狭いことに意義があるということである。絞ることにより、自らの得意分野にビジネスを集中させる戦略である。この強い信念が、ヒトを動かし、技術を進化させ、イノベーションを起こすのかもしれないと思った。

4 探索研究段階のプロジェクトマネジャー

4-1 修士論文のテーマ選定の理由

私は、神戸大学MBAの修士論文を執筆するにあたって「医薬品の探索研究段階におけるプロジェクトマネジャーの役割とプロジェクトを構成する研究者との関わり」をテーマとすることにした。医薬品産業では、1つの画期的な新薬の開発に成功すれば、年間1000億円以上の多大な売上げにつながる。一方で医薬品企業は、新薬開発に十数年以上の長い期間と数百億円ともいわれる多額の研究開発費をつぎ込むことが必要であり、その成功確率は極めて低い。偶然や運が大きく作用するともいわれる産業。それが医薬品産業なのである。

この医薬品産業における、新薬の候補となる開発候補化合物を発見する役割を担うのが、探索研究段階のプロジェクトマネジャーである。私は、この医薬品の探索研究段階におけるプロジェクトマネジャーの役割、そして研究技術者に及ぼす影響を明らかとすることを修士論文の研究目的とした。この研究目的は、私が神戸大学MBAに入学した理由の1つでもあり、組織マネジメントの観点から実証的な検証を行い、探索研究段階におけるマネジメント施策の効果的な施策を提示する研究に取り組むことにした。

一般にプロジェクトマネジャーは、プロジェクトをマネジメントすることを主業務としており、プロジェクトを構成する各活動の計画立案、工程表の作成および進捗管理などを担う。医薬品産業においても、他の産業にならい、専任のプロジェクトマネジャーを配置し、成功確率を上げようとする企業が増えてきている。果たして、医薬品産業のプロジェクトマネジャーは、他の産業で言われているようなプロジェクトマネジャーと同じ役割を果たしているのだろうか。そして、このプロジェクトマネジャーは、医薬品の原石となる化合物を創製する研究者たちに、どのような影響を与えているのだろうか。

このような疑問を明らかにすることを目的に、私は修士論文に取り組むことにした。

4-2　医薬品の研究開発

医薬品の研究開発は、長期の研究開発時間、多額の投資、低い成功確率などの要因から、マネジメントが困難であると言われている。延岡健太郎氏は、製品開発においては、「創造性」「複雑性」、そして「不確実性」をうまくマネジメントしなくてはならないと述べている（『製品開発の知識』日経文庫、２００２年）。

医薬品の研究開発はそのなかでも究極の事例となる。医薬品の売上高に占める研究開発費率は、他の製造業に比べて際立って高い（**図表９-１**）。この背景には、産業特有の長い新薬開発プロセスがあることが指摘できる。医薬品は生命に影響を与える化学物質であり、薬事法と

図表9－1　研究開発費の対売上高比率（2011年）

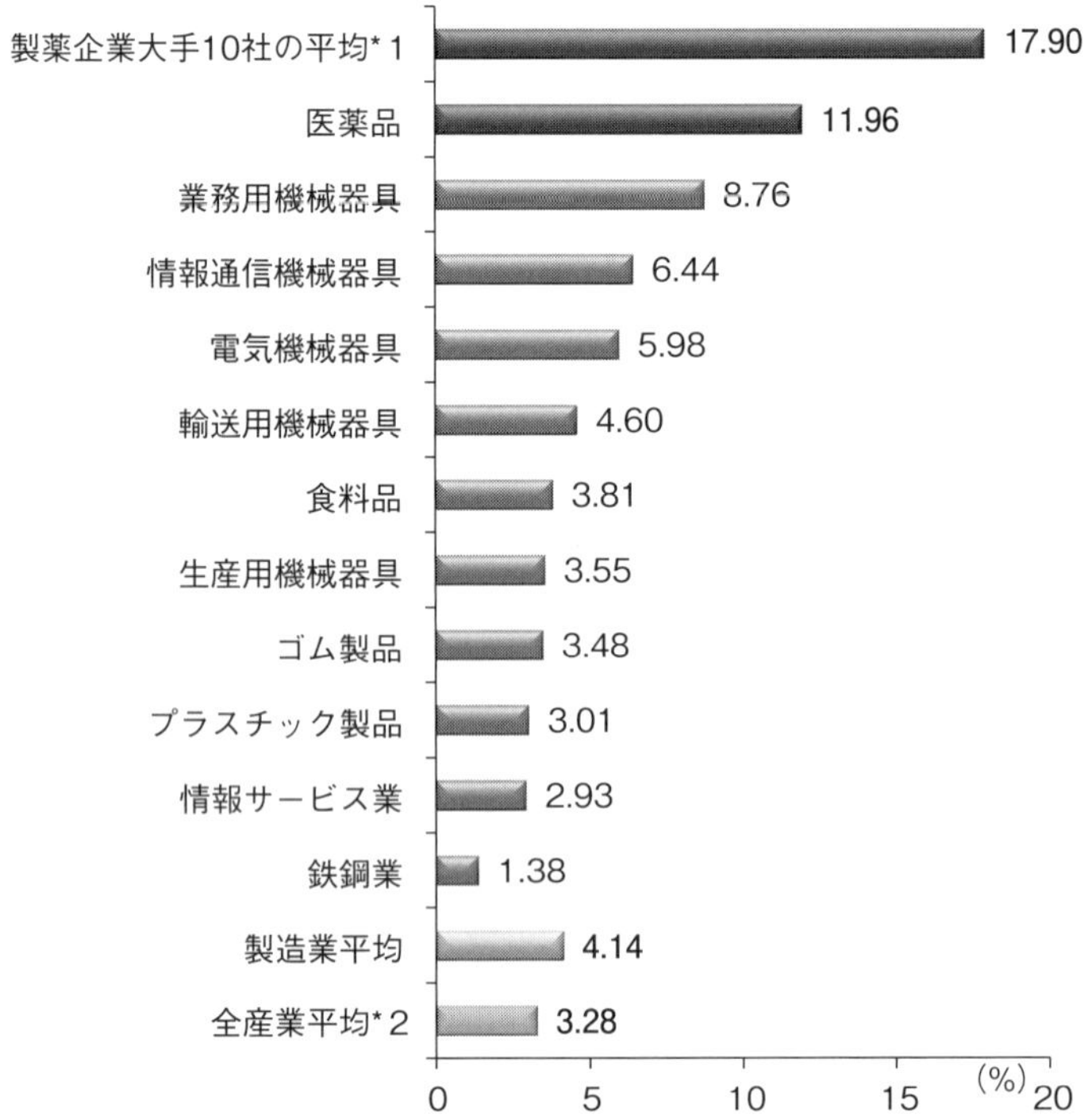

出所：製薬協DATA BOOK 2013をもとに著者作成

いう法律に則った多数の厳正な試験をクリアすることにより販売（上市）に至る。新薬を上市するまでには、基礎研究、非臨床試験、臨床試験、承認審査という4つの段階をクリアする必要がある。主に、基礎研究と非臨床試験は研究部門が担当し、臨床試験は開発部門が担当する。これらの4つの段階の期間を合計すると10～20年の歳月を要することになる。しかし、成功した時の価値（リターン）の高さに魅力があるからこそ、医薬品産業は成立する。

この医薬品の研究開発プロセスの中で、基礎研究から臨床試験に至る探索研究段階の成功確率は極めて低く、0・01％となっている。一方で、臨床試験に入った化合物が承認取得した確率は30・6％である。すなわち、探索研究段階の成功確率を高めることが重要となる。

医薬品の研究開発マネジメントに関する報告は少なく、探索研究段階については、組織管理的なマネジメントの役割は限定され、成果は研究技術者個人の能力に依存するところが大きくなると言われる。その一方で、山本晃嗣氏は、プロジェクトマネジメントの概念を取り入れて、効率的な運営を狙った取り組みがなされていると述べている（『プロジェクトマネジメントを円滑に進める組織体制』PHARMA STAGE、2010年）。

プロジェクトマネジャーは、複数のプロジェクトを掛け持ちし、個々のプロジェクトの推進においては複数の部門に所属している研究技術者を統合的にマネジメントする。しかし私は、実際の研究現場において、このプロジェクトマネジャーの制度が適切に機能しているかについて疑問を感じていた。主な疑問として以下をあげる。①プロジェクトマネジャーは、医薬品コンセプトの実現に向けたプロジェクト推進の役割を担うが、複数のプロジェクトの進捗管理や計画立案に力を注ぐあまり、プロジェクトに属するメンバーのベクトル合わせや信頼関係構築による意思疎通が十分になされていないのではないか。②プロジェクトマネジャーの役割を担うために適切なスキルや能力をもったメンバーが、ＰＭＯ[5]に採用されているか。③探索研究段階における研究技術者のイノベーティブな発想を阻害していないか。すなわち、探索研究段階において、創薬を推進するマネジメントが適切になされているかという疑問である。

以上のような疑問に対して、医薬品の研究開発における探索研究段階のプロジェクトマネジャーの役割とイノベーションの促進について実証的に解明することを目的として、私は製薬企業の研究技術者を対象に調査を進めることにした。

4-3　研究のフレームワークと進め方

修士論文の研究を進めるにあたって、まず私は、プロジェクトマネジャーの役割について、ミドルマネジャーの役割と比較しながら、先行研究（Mintzberg『マネジャーの仕事』白桃書房、1973年；金井壽宏『変革型ミドルの探求－戦略・革新指向の管理者行動』白桃書房、1991年；Flannes & Levin『プロジェクト・マネジャーの人間術』株式会社アイテック、2005年）を精査したうえで、仮説群を作成した。続いて、研究技術者に及ぼす影響（イノベーション行動）について、起業家に関わる先行研究（Andrew & Farris『製品開発力』ダイヤモンド社、1967年；Dyer *et al.*『イノベーションのＤＮＡ』翔泳社、２０１１年）をもとにした仮説群を作成した。

仮説を検証するため、私が選んだ方法は定量調査と定性調査である。医薬品の探索研究段階にプロジェクトマネジャーを配置する製薬メーカーを調査対象として、製薬メーカー勤務の研究員（269名）へのWebアンケート（定量調査）を行った。さらに、研究技術者に及ぼす影響（イノベーション行動）については、上記のアンケート調査に加えてインタビューによる調査（定性調査）を、製薬メーカーに勤務する研究員に対して行った。

4-4　研究の結果と考察

調査と分析の結果の概要は以下のとおりである。アンケート調査の結果、プロジェクトマネジャーは、6つの役割を担っていることが明らかとなった。6つの役割とは、「権限委譲」「情報収集と翻訳」「進捗管理」「他部門との連携」「動機づけ」「リスクマネジメント」である。すなわち、プロジェクトマネジャーの役割は、ミドルマネジャーの役割との類似点があることが認められた。ミドルマネジャーの外部とのコミュニケーション行動に対して、プロジェクトマネジャーの情報収集と翻訳の行動、ミドルマネジャーの対人関係スキルに対して、プロジェクトマネジャーの権限委譲と動機づけ、ミドルマネジャーの管理スキルに対して、プロジェクトマネジャーの進捗管理とリスクマネジメントがそれぞれ相当する。また、これらのプロジェクトマネジャーの役割が研究技術者のイノベーション行動におよぼす影響として、以下

5　PMO（Project Management Office）：企業内で、個々のプロジェクトのマネジメント支援を専門に行う部門。

図表９－２　プロジェクトマネジャーの役割と研究技術者のイノベーション行動への影響

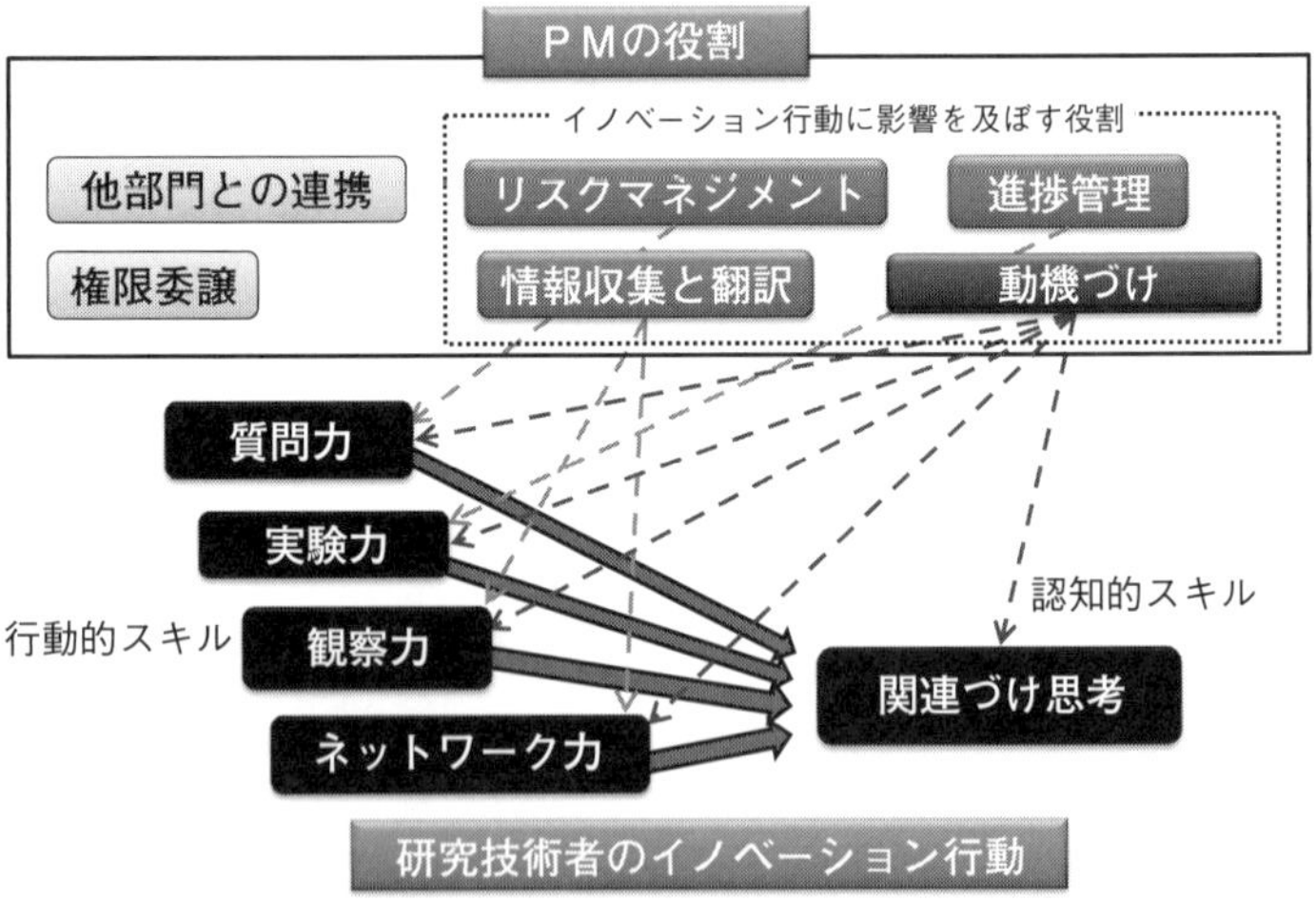

出典：筆者作成

の関係となることが明らかなった（図表９－２）。

特にプロジェクトマネジャーの役割として、「動機づけ」は研究技術者のイノベーション行動に対して重要な役割を果たすといえる。ここで言う「動機づけ」とは、研究技術者のモチベーションを上げる言動や、研究技術者の苦労や不満などを親身になって聞く姿勢や、困難に直面した際に精神的な支えとなる言動や、研究技術者に過剰な負担がかからないように配慮する行動などを指している。

アンケート調査の分析により、プロジェクトマネジャーの役割と研究技術者のイノベーション行動との関係を明らかにしたのち、このアンケート調査の分析の結果の適合性の確認、そしてアンケート調査で確認されなかった気づきの有無を明らかにするため、さらに研究技術者へのインタビュー調査を行った。研究技術者には以下の3項目に沿って事例をもとにしたインタビューを行った。

① 事例の経緯
② プロジェクトマネジャーの行動
③ プロジェクトマネジャーの行動の研究技術者に対する影響

その結果は以下に整理できる。アンケート調査の結果との適合性としては、プロジェクトマネジャーの論理的な説得が、研究技術者の薬理試験の評価方法の改良による期間短縮につながったことがあげられた。つまり、プロジェクトマネジャーの「動機づけ」「進捗管理」が、研究技術者の「実験力」に正の影響を与えた事例と解釈できる。一方で、新たな気づきとしては、プロジェクトマネジャーは、研究技術者のプロジェクトを進めていく状況を傍らで見ているため、経験に基づく論理的な考えを説明したうえで、研究技術者の背中を押すように、新たな行動（=イノベーション行動）に取り組む勇気を与え、研究技術者の心境の変化に応じた「動機づけ」の行動が「実験力」につながるということである。また、その行動の前提条件として、プロジェクトマネジャーと研究技術者の間に良好な信頼関係があることも見逃せない発見であった。信頼をおく者同士の関係であれば、不確実な情報であってもプロジェクトマネジャーと研究技術者とのコミュニケーションは円滑に進み、プロジェクトマネジャーが入手する情報の質は向上し、情報の量も増え、的確な情報の収集スピードが増すことにつながるのであろう。

4-5　プロジェクトマネジャーの機能不全に関する考察

本研究で明らかとなったように、全体としては、プロジェクトマネジャーの「動機づけ」の役割が、研究技術者のイノベーション行動に正の影響を与えるという関係が見られる。しかし、その中にあっても、「動機づけ」の役割を十分に発揮していないプロジェクトマネジャーも存在する。そのような機能不全の現状については、以下のように考察した。

プロジェクトマネジャーの問題としては、対人関係スキルが十分でなかったり、多数のプロジェクトを兼務しており時間が十分割けなかったり、そもそも「動機づけ」の意義を理解していなかったりすることなどあげられる。研究技術者の問題としては、実際には何とかできないことが多いのに、自らのスキルで何とかしようと考えて行動してしまいがちだったり、プロジェクトマネジャーをイノベーションの要因として考えていないために十分活用できていなかったり、プロジェクトマネジャーと議論する時間が十分に取れなかったりすることなどがあげられる。組織の問題としては、研究を推進することに特化する組織体制が整っていなかったり、プロジェクトマネジャーの採用基準の検討が十分でなかったり、研究組織内でイノベーションの要因が十分に検討されていなかったりすることなどがあげられる。

本研究の検討を踏まえると，医薬品の探索研究段階におけるプロジェクトマネジメントには以下の施策が有効であると考えられる。

①　プロジェクトマネジャーの採用条件として，対人関係スキルを重視する。

②　プロジェクトマネジメントにおいては，研究技術者の傍らに寄り添い，プロジェクトを取り巻く外部環境や社内の環境の変化，さらにはそれらにともなう研究技術者の心情の変化を察して，適切なタイミングでコメントを発することに重点を置く。

③　ＰＭＯなどを設け，組織ぐるみでの継続的な対人関係スキルの向上の支援に努める。

5　おわりに

私が神戸大学ＭＢＡで，修士論文を執筆するなかで，指導教員やゼミの仲間たちから学んだことは多い。そこで学んだ，物事を着実に実行していくうえでの大事な思考方法を２つ紹介しよう。

第１は，成果物の枠組みで思考し，行動することである。ＭＢＡ修了という期限が決まっていることは，会社の業務のプロジェクトが完結する期限が決まっていることと同じである。論文作成では，調査や情報収集から仮説を立て，それを検証することにより，決められた期限までに成果物を出すことが求められる。そこで重要な点は，取りかかる前に枠組みを決めることである。枠組みを決める際には、当初漠然と考えていた、知りたいことや発見したいことを絞り込む必要がある。すなわち、範囲を狭めて掘り下げるのである。範囲を狭めれば、それだけ深く考察することが可能となり、成果物の質も研ぎ澄まされる。

第２は、自分の貢献は何か、つまり“What's New”は何かを考え抜くことである。論文作成においては、先行研究を洗い出す。過去に研究されていることが何であり、自分が調べたいことととの関連を確認し、自分が調べたいことととの相違を見出すのである。私の研究テーマは、プロジェクトマネジャーの役割を調べることだった。関連する研究において、過去に調査されていることは活用すべきであるし、それらとの違いを確認することができれば、興味深い発見につながる。

ゼミに出席すると、指導教員やゼミの仲間から教えられることが多い。ゼミ生が発表することに対して、指導教員は確認を行うとともに、方向性を修正したり、重要なキーワードを発したりする。それらを自分のなかで咀嚼し、業務においても活用できるような形に整理していく。ＭＢＡの修士論文は、純粋な学術論文ではない。その価値は、経営の理論と実践の融合領域における知識を追求することにあると私は思う。神戸大学ＭＢＡで書き上げた修士論文や、ゼミでのやりとりを記録したボイスレコーダー、そしてゼミを通じて議論した軌跡は、私の真の財産である。

神戸大学ＭＢＡで経験した全ての講義、ケースプロジェクトやテーマプロジェクト、そして修士論文の作成は、1・5年という、私の人生のなかで見れば短い時間だったが、濃密で、創薬ということを何度も考え、行動するきっかけを与えてくれた。入学前に思い描いていた私の世界観を大きく変え、もっと学び、多くの人と交流したいと強く思うようになった。これからの創薬に必要なものは、常識にとらわれず、強い信念を持ち、信頼できる同志と共に創造していくことではないだろうか。まだ見ぬ明日の新薬が患者さんのもとに届くことを夢見て。

Column

◆プロジェクト組織

一時的な課題に取り組むための組織をプロジェクト組織という。建設業やエンジニアリング産業でよく用いられる組織である。恒常的な組織に所属したまま、プロジェクトに参加する方式と、恒常的な組織からプロジェクト組織に移籍するケースとがある。一時的な組織であるということを明確にするためには、前者の方式が効果的だが、異なった仕事を同時に行うため、仕事が中途半端になりやすいという欠点もある。

（加護野忠男）

第10章

医療用医薬品の市販後における価値拡大

瀧本英明

1　なぜ、MBAを目指したか

私の社会人としての経験は、会社で培ったものでしかなかった。もちろん部署異動を通じて、私はMR、マーケティングチーム、メディカルチームなどでさまざまな職種を経験してきた。しかし、風土全体が変わる、あるいは価値観が全く変わるような環境変化は経験していなかった。

これは裏を返せば、当時所属していた会社ではどの部署においても、会社のポリシーが浸透していて、勤める者がほぼ等しく同じ価値観や志を有していたということでもある。このことは、経営者の立場からすれば、高い評価を得てよい点なのかもしれない。

私が所属していた会社には、私のような新卒採用からのプロパー社員がいる一方で、他の企業から中途入社された方も少なくなかった。私の所属していた会社は、外部からの中途採用者が多かったように感じる。間口が広く、多様性を受け入れる土壌があるからからなのかもしれない。

こうした中途採用の方たちが、私には、とても魅力的な存在に見えた。どうして魅力的に感じたのか。人間性や仕事に向かう姿勢がすばらしいこと、あるいは専門家としての非常に高い技能や経験を持っておられたことなどが挙げられる。では、どのようにすれば、私が、この人たちのような人間性やスピリット、あるいは技能や経験を身につけられるのか。自分自身を変えるには、どのような行動を起こせばよいのか。

振り返ってみると、このような問いを心に抱いたことが、私がＭＢＡを目指すきっかけとなった。

2　試行錯誤の日々

ある時期に私は、このような問いをめぐり、自問自答を繰り返していた。それは、ちょうど入社してから10年目ぐらいの時期だった。その時には、自分を変える方法は、内的要因的アプローチと外的要因的アプローチの大きく2つだろうと考えていた。第1の内的要因的アプローチとは、たとえば修行僧のように自身を厳しく律することで、今までと異なる価値観が持てるようにするというものである。第2の外的要因的アプローチとは、たとえばつきあう人を変えるなど、環境を変えてみることで、今までの自分の常識とは異なる新たな物事のとらえ方を獲得するというものである。

さて私には、この第1のアプローチは、そもそも無理な方法のように思えた。今までの私は、受験勉強のときでさえ、十分に自分を管理できずに苦労してきたわけで、価値観を変えるようなストイックさを内発的に確保することは難しい。したがって私に可能なのは、もう一方のアプローチ、つきあう人や環境を変える方法だと思った。

とはいっても、簡単につきあう人を変えたり、増やしたりすることはできない。会社を変われば、このアプローチは実現するが、そもそも私は現在の会社生活を続けながら新たな切り口を得たいと考えていた。したがって、転職という選択肢は本末転倒である。

では、どうしたら「今の会社で働き続けながら、会社の外で、会社の仕事では会えない人たちと、接点をもつ」ことができるか。私が最初にトライしたのは、異業種交流会だった。志のある社会人のメンバーが、自由度の高い大学のサークルのように実施しているものもあれば、地域活性化のために、市や町の青年会や商工会議所などが実施しているものもあった。実際に参加してみると、たしかに他業種の人たちに会うことができた。そこには、私が知らない仕事に就き、私とは違う価値観をもつ人たちがいた。

しかし、何回か参加するなかで、互いの目線が異なる方向を向いており、表面的な会話に終わってしまうことに気づいた。同じ物事を対象に、異なる価値観で議論を交わすことが重要だと私は考えていたが、こうした異業種交流会はさまざまな目的をもった人たちで構成されており、拘束力もなければ、同じ目線で話をする環境の整備もなかった。単に友達を探しにきている人もいれば、ビジネスパートナーに巡り会う機会として参加している人もいた。なかには自分の顧客を見つけようとして参加している人もいた。

もちろん、たまたま私の運が悪く、そのような異業種交流会ばかりにあたってしまった可能性もある。しっかりと時間をかけて探せば、私に合った異業種交流会もどこかにあったかと思う。しかし、このときの私には、自分に合った交流会を見つけ出す術は見つからず、別の方法を探すことになった。

次にトライしてみたのが、ネットワークビジネスの講習会である。以前の異業種交流会の反省を踏まえて、共通の目的意識をもつ人たちで構成されている会を選んでみた。しかし、これも失敗だった。ネットワークビジネスが悪いというわけではない。ネットワークビジネスは効率的に機能するケースも多くある。しかし、このときの私の目的は、グループ活動を通しての社会への貢献でも、ましてやお金儲けでもなかった。私は、ネットワークビジネスの講習会への参加については、もう1つの会社を掛け持ちしているような感覚を覚えた。結果として私は、このネットワークビジネスの講演会にも参加をしなくなった。

結局私は、このような外的要因的アプローチの失敗を繰り返しながら、2年ほどが過ぎていった。それでも内的要因的アプローチに切り替えなかったことは、ある意味での意思の強さがあったのかもしれない。会社での部署異動もあり、私の環境変化を求める意識は少し低下していた。一方で、会社の将来に大きく関係する仕事に携わることも多くなり、自身のビジネススキルが経験則だけで、確かな根拠に支えられていないことに不安を抱くようになっていた。私の大学での専攻は工業化学、特に有機化学であり、経済や経営の理論を体系的に学んだことはなかった。

この学びの機会を新たに社外に求めようとするなかで、それは同時に、私が求めていた「会社で働きながら、会社の外で、会社の仕事では会えない人たちと、接点をもつ」という課題への解にもつながることに気づいた。ビジネススクール、あるいはMBAという学びの場の存在を知って、この思いはさらに強まった。ビジネススクールには、自身を高めることを目的に、高いモチベーションをもった人たちが集まる。同じ目的に対して、利害関係なく、それぞれの人生で培った経験をもとにディスカッションが行われる。

3　神戸大学MBAに感じた魅力

では、どのビジネススクールに挑戦するか。

ビジネススクールに挑戦すると決めたその日から、私は社内で、ビジネススクールに通った経験のある同僚に話を聞いたり、資料請求したりし始めた。私にとって、ビジネススクールの候補を絞り込む上でのゆずれない条件は、会社に勤めながら通学できることだった。私は、勤めている会社での業務にビジネススクールでの学びを活かしたいと考えていたので、これは絶対条件だった。

パンフレットだけを見ていたら、私が神戸大学MBAを選ぶことはなかったはずである。神戸大学は、国立大学のためか目立った広告を出しているわけでもないし、他のビジネススクールに比べてパンフレットも地味だった。しかし、神戸大学が実施している「MBA体験フォーラム」に参加してみて、この考えは一変した。百聞は一見にしかず、とはこのことで、やはり実際にその場に身を置いてみなければ感じられないことが多かった。

あらためて資料の詳細を検討してみると、神戸大学ＭＢＡの教育プログラムは非常に魅力的なものだった。他業種の社会人の学生たちとのディスカッションを行うグループワークの機会が多く設けられている。特にプロジェクト方式によるグループ研究が、2回用意されており、フィールドワークが求められている。私が思い描いていた目的にはうってつけのプログラムだと思った。

4　想像を超える環境変化

神戸大学ＭＢＡに入学して、まず私が感じたのは、このまま続けられるのだろうかという不安だった。二足のわらじの大変さは予想していたものの、その環境変化は想像を超えるものだった。

神戸大学ＭＢＡ入学後の私の1週間は、土曜日は、丸一日を講義とディスカッションに没頭し、日曜日と平日は、課題のためにどのように時間を利用するかの戦いとなった。山ほど出される課題を、会社の仕事とバランスを取りながら、どのようにこなすか。この密度の高い時間を共に過ごす同級生との間では、自然にコミュニケーションも密になる。いや、むしろ私の場合は、同級生と協力をしながら情報収集を行わなければ、この日々を乗り切ることはできなかったというのが正しい表現である。

この修羅場のおかげで、私は経営学の知識を得ると同時に、タイムマネジメントのスキルを高めた。神戸大学ＭＢＡの特徴でもある「ケース」と「テーマ」の2回のプロジェクト研究では、チーム運営の難しさと乗り切り方を学ぶことができた。プロジェクト研究では、すべてのメンバーが上下関係のないフラットラインで課題に取り組み、期限までに考えをまとめて発表を行わなければならない。チームは目的を共有しているが、上下関係のないフラットラインの構成だという点が、会社の仕事では体験したことのない学びの源泉だった。神戸大学ＭＢＡの授業科目では、リーダーシップや組織行動、交渉術などの理論やツールを学んだが、それらを実際に用いて実践する場も用意されていたわけである。しかも皆が同じレベルの教育を座学で受けた上での実践である。

また、この修羅場のなかで、働きながら学ぶ「二足のわらじ」の特権も感じた。「二足のわらじ」だからこそ、大学で座学として学んだことを、翌週から会社で試すことができる。たしかにフルタイムのビジネススクールには、十分な時間をかけて深い知識を習得し、徹底したディスカッションを行える点で魅力がある。しかし私にとっては、実用性の検証や、理論を即時に自身のスキルとする機会の多さという点で、神戸大学ＭＢＡのスタイルがベストだったと思う。

私はこのプロジェクト研究への参加を通じて、私自身が足を踏み入れたことのなかった音楽産業を知ることができた。多くの経営者の方にも直接お会いすることができた。そして気付いたのは、私の生きてきた世界の狭さであり、それを常識としてきた視野の狭さだった。さまざまな人に出会い、新たな環境のもとに身を置くことで、私のなかに新たな視点や価値観が芽生えはじめたように感じた瞬間でもあった。

5　市販後の医療用医薬品の価値拡大

5-1　研究の背景

神戸大学ＭＢＡでは、入学した年の夏には所属するゼミも決まり、修士論文執筆に向けた研究が本格化する。そこで改めて入学を希望したときに記入した研究計画書を見直したのだが、たった数ヶ月しか経っていないにもかかわらず、自分が書いたのかと目を疑うほど違って見えた。私が成長したからというのはおこがましいが、それまでの私の知識の外に広がっている世界があることを、神戸大学ＭＢＡでの学びを通じて知ったからだと思う。研究計画書を書いた時点では、それなりにしっかりと考えようとしたのだが、やはり視野が狭く、目の前の事象だけをとらえるだけに終わっていた。

私は、所属したゼミでのディスカッションに加わるうちに、眼前の事象についても、その背後には、所属会社における問題を超えた一般化可能な原理原則が潜んでいないかを考えるようになっていった。この課程では、ゼミで指導をいただいた先生方にたいへんお世話になった。

最終的に私が設定した研究テーマは、「医療用医薬品の市販後における価値拡大に関する研究」だった。発売初期の医療用医薬品には、限られた開発・治験期間の情報しかなく、実臨床におけるさまざまな状況に、網羅的に対応した情報を有しているわけではない。しかし、市販化された後は、こうした新しい医薬品も、年齢や性別、さらには症状や体質などに違いのある、多くの患者に使用され、そして多くの他の医薬品と併用されるようになっていく。このような実臨床におけるさまざまな使用情報を集めることによって、創薬の段階ではつかめていなかった医薬品の作用や使用法などが明らかになっていく。

医療用医薬品が市販された後に、患者にとってより安全で効果のある医薬品情報を構築し、治療の可能性を広げていく活動は、「育薬」と呼ばれる。私は、修士論文に向けた研究において、日本の医療用医薬品の市販後の「育薬」活動のなかで医薬品の価値を拡大する加速要因、または阻害要因を明らかにしたいと考えた。「育薬」における加速要因、阻害要因を明らかにして、適切な医薬品情報の蓄積を早める枠組みをつくることができれば、医薬品の適正使用につながり、患者、医療関係者、そして製薬企業のすべてにメリットをもたらす。

そこでのリサーチクエスチョン（ＲＱ）は以下の２つである。

ＲＱ－１：どのような実臨床での使用情報が、医薬品の価値拡大につながるか？

ＲＱ－２：早期に医薬品の価値拡大をさせるうえでの加速要因、そして阻害要因は何か？

そもそも、日本の医療の現状はどのようになっているか。医薬品産業は製造業としては高い利益率で知られているが、その一方で医薬品開発には長い期間が必要であり、その成功確率も低い。研究の候補となった化合物が、その後の開発の長い道のりを経て、新薬として世に出る成功確率は、３万５９１分の１といわれる。医薬品製造企業における売上高に対する研究開発比率は12・０％と、他の製造企業に比べて際立って高い。

医薬品の研究開発は３つのステージに分かれており、安全性や薬物の体内動態を調べるＰｈａｓｅⅠ試験、有効性を発現する投与量とその安全性を調べる探索的な臨床研究であるＰｈａｓｅⅡ試験、最終的に医薬品として使用されることを想定して多数の患者に参加してもらい、既存薬や偽薬との比較をする検証的な臨床研究であるＰｈａｓｅⅢ試験がある。ＰｈａｓｅⅢ試験が終了し、有効性・安全性が担保されると、開発で得られた一連のデータを申請資料としてまとめて承認申請し、有用と認められれば医薬品として承認される。この一連の研究開発には、９～17年の期間が必要とされる。医薬品メーカーとしては開発期間の短縮や成功確率の向上を図ることも必要だが、同時に長い時間と費用をかけて開発し、承認を得た医薬費の価値を、早期に拡大し利益につなげることも重要となっている。

そのなかで、対外的な医薬品の情報提供を担当するＭＲ（Medical Representative）の数は年々増加している。MRとは、医薬品メーカーの医薬情報担当者のことで、医療従事者に対する医薬品の情報提供を主業務とする営業職である。厚生省（現厚生労働省）が1992年に打ち出した方針により、MRには、医療機関との価格交渉権はなく、生命関連性が高い医薬品の情報を取り扱うため、基礎的な医学・薬学及び法規・制度の知識を有していることが求められ、認定制度が設けられている。

MRの役割には、①医薬品の適正使用のための情報の提供・収集・伝達（社会的使命）②自社医薬品の普及（企業の営業パーソンとしての役割）の2つがあり、両者のバランスを取った活動が求められる。2011年には日本国内で6万3000人を超えるMRが情報提供活動を行っている（公益財団法人MR認定センター）。

製薬メーカーはMRの増強を通じて、営業力を強化し、自社医薬品の認知度、情報提供、そして関連サービスの向上に努めてきた。しかし一方で、日本の医薬品の臨床研究の遅れについての懸念もある。医薬品は基本的にエビデンスベースで使用されるデータドリブンな製品である。根拠にもとづいた医療として、エビデンス・ベースト・メディスン（EBM）が1990年ごろに提唱され、現在では全世界に広まっている。このため、製薬メーカーにとっては、新薬の上市後も臨床研究を進め、必要なエビデンスを作成することが、その後の製品ライフサイクル・マネジメントの成否の鍵を握る。しかし、日本はこの局面で海外に比べて遅れをとっているとの指摘がある。創薬にかかわる日本の主要基礎研究論文数は、世界トップレベルを堅持しているのだが、医薬品として承認を得る過程、または医薬品として承認された後エビデンスを高めるための「育薬」の過程においての研究論文数については、世界に遅れを取っているというのである（辰巳邦彦「主要基礎・臨床医学論文掲載数の国際比較」政策研ニュースNo.35、2012年）。

医薬品は、「物質」と「情報」からなるサービスであり、それぞれを切り離して考えることはできない。加えて医薬品の構成要素たる「情報」が与える付加価値は極めて高い。上市後すぐの医薬品は、開発治験時の限られた情報しか有していない。そのため、臨床によって得られる有効性、安全性、使いやすさ、安心感、そして使用に関する「情報」を追加することで上市後の価値が拡大していく。また、医薬品の価値は、適切な患者を対象としたときに最大化する。つまり、医薬品の価値拡大は、適正使用のための市販後の臨床使用情報の蓄積によってもたらされる。

一方、医師は一人で経験できる症例数には限りがあり、これを補うために、さまざまな手段を使って治療や医薬品に関する情報を入手している。医薬品メーカーの営業職であるMRは自社の医薬品の一般的な製品特性やプロファイルを伝えるだけでなく、医師間の情報伝達の媒介役としても機能しており、インフォーマルな内容を含めた医薬品の使用情報を伝達している。

情報という定義そのものについてもさまざまな研究が行われている。牧野真也氏（「情報技術と市場・組織：社会情報の枠組みから」『経済理論』343号、53-76項、2008年）の報告によれば、情報は「さまざまな次元から構成され、さまざまな形態のものを含んでいる」が、大きくは「第1種の情報」と「第2種の情報」の2種類に分けることができるとしている。それぞれの最も重要な性質として、前者は手段的（instrumental/extrinsic）であり、後者は本質的（intrinsic/consummatory）であることをあげている。特に手段的情報においては対象を制御するために用いられる。このためその対象との間でコードを共有しないと制御できないため、解釈が一義的であることが求められる。

また本質的情報はその多義性ゆえに、そのコミュニケーションは参加者が相互作用的にその情報の意味を確定してゆくプロセスとなるとしている。情報の拡散の観点からは、情報は「分離された情報」と「体化された情報」に分けて考えることが必要だと今川拓郎氏（「ＩＴが都市や交通に与えるインパクト―知識経済化の流れの中で」『OSIPP Discussion Paper』DP-2001-001-E、２００１年）は述べている。「分離された情報」は文書、映像等、記述情報として容易に保存・共有化が可能であり、「体化された情報」は経験、ノウハウ等、情報が個人に蓄積されて移転しにくく、共有化が困難なものと表現している。それぞれの情報の分散、移行の性質として「分離された情報」は、基本的に画一的・同質的な開示情報として誰でも容易に入手可能であり、マスメディアやインターネット等のＩＴを活用して共有化を図ることが効果的である。一方「体化された情報」は、関係依存的で差別化された情報であり、Face to Face（ＦＴＦ）による接触が不可欠であるとしている。

情報の移転の先行研究としてはE. von Hippel氏がイノベーション関連の情報をもとに、情報粘着性仮説を提唱している（"Sticky information" and the locus of problem solving: implications for innovation. *Management science*, 40(4), 429-439., 1994）。また、B. Kogut とU. Zander氏により情報の量が大きいほど移転が難しく粘着性が増し、情報が暗黙知である場合も粘着性は強くなることが報告されている（Knowledge of the firm and the evolutionary-theory of the multinational-corporation. *Journal of International Business Studies*, 24(4), 625-645.（1993））。先行研究から得られる知見は、医薬品の情報の移転を考える上でも応用可能であると考えた。医療という行為のなかに存在する医薬品の情報がどのような性質を有しているかを見極め、正しく共有することが、医薬品の価値を高める上で重要であるといえる。

　このように実臨床での使用情報を追加してゆくことが、医薬品の価値拡大につながるわけだが、実際に必要とされる情報がどのように生み出され、関係者間で移転されているのか、また移転された情報はどのようなかたちで蓄積されているかの理解が体系的に確立されているとは言い難い。医薬品の価値拡大につながる情報としてどのような臨床使用情報の蓄積が求められているか、また医師が求める情報はどのような特徴を有しているかを明確にし、情報の移転および蓄積に関する加速要因、阻害要因について明らかにすることが、今後の医療用医薬品の早期の価値拡大を検討する上で必要だと考えた。

5-2　調査にもとづくプロポーザル

具体的には本研究では、専門家へのインタビュー調査を実施した。まず私は、医療情報の流れと、移転が起こるポイントについて整理をした。その結果、医療機関内における医療情報は、患者との接点を有する全ての部署で発生していることが、あらためて確認できた。このことは、質の高い医療を提供するためには、医療機関の各部署で得られた情報の共有が必須だということを意味する。この情報共有は、各部署で記録方式が異なっており、文書では伝えきれない内容を含むため、対面（Face to Face）コミュニケーションによって補完されている。インタビューを実施した医師からは、「対面コミュニケーションのメリットは、誰からの情報なのかがわかり、理解ができなければ、さまざまな例をあげて、言葉やニュアンスの擦り合わせを行い、参加したメンバーが等しく情報を理解できることである」とのコメントを得た。

対面コミュニケーションは、小川進氏が挙げる「受け手が利用可能な形での情報の移転」の条件である、①情報を誰が有しているか（存在しているか）を知っていること、②その情報を引き出したときに意味が理解できること、③意味が理解されているときにその情報が操作可能であることの3点を同時に満たす（「イノベーション発生の論理：情報の粘着性仮説について〈特集〉開発・生産・営業のインターフェイス）」『國民經濟雜誌』第182巻第1号、85-98、2000年）。医療機関の各部署間の情報共有において、対面コミュニケーションが重用されるのは、そのためだと考えられる。また南知恵子氏による知識移転には仕掛けが必要であるとの指摘をあてはめれば、定期的な対面コミュニケーションが、知識・情報の移転を促す仕掛けとして重要だと考えられる（『リレーションシップ・マーケティング―企業間における関係管理と資源移転―』千倉書房、２００５年）。

各患者接点で得られた診療に関わる重要な情報、あるいは医療従事者の経験は、対面コミュニケーションを通じて医師に集まり、医師は多くの医療情報を統合処理し、過去の経験、知識と照らし合わせて、患者に提供する医療を判断している。医療機関のなかで、患者に関する医療情報は、医師に集約され知識化されるが、医療情報は各部署で分散記録されるため、この知識化のプロセスには時間と人的コストが必要となる。

以上の枠組みのもとで、以下のリサーチプロポジション（ＲＰ）を設定し、インタビュー調査の結果をもとにした考察を重ねて、各結論を導きだした。

【ＲＰ－１】　医師は、医療機関内の医療情報を最も多く有しており、医療情報を統合し、知識として蓄積している

【想定】　医療機関内で発生した医療情報は、さまざまな記録と対面コミュニケーションを通じて医師に集約される。医師がこれらの医療情報を、過去の経験、知識と照らし合わせて、総合的に理解し判断することによって、患者に提供する医療が選択される。このように医

療機関内の医療情報は、医師のもとで結合され、知識として蓄積されており、その全てが医療機関内の記録の形で存在しているわけではない。

【結論】　医療情報は記録、及び対面コミュニケーションをとおして医師に集約され、知識化されたうえで、次の医療に活かされていることが、インタビュー調査から確認できた。一方でこれは、医療情報が暗黙知化した第2種の情報として医師のなかに蓄積されていることを意味する。医師のもつ医療情報は、粘着性が高い情報であり、その移転には対面コミュニケーションもしくは医師による第1種の情報への変換・移転が必要となる。

【RP-2】　医療情報は、医療機関内で分散記録がされ、アクセス環境が不十分なため、医師への情報の移転がスムーズに行われていない

【想定】　医療機関では医療情報が発生する各部署で記録が行われるが、連携は十分ではなく、対面コミュニケーションによって部署間の情報の移転は補完されている。この各部署での医療情報の分散記録が医療情報へのアクセス環境を困難にし、医師への情報の移転の障害になっている。

【結論】　医療情報は患者と接点を持つ各部署で発生し、記録され保管されていることが、インタビュー調査から確認できた。医療機関内では、部署間の対面コミュニケーションを積極的に実施することで、情報を移転させ、実際の医療が成り立っている。しかし対面コミュ

図表10－1　医療機関内の情報の移転 概念図

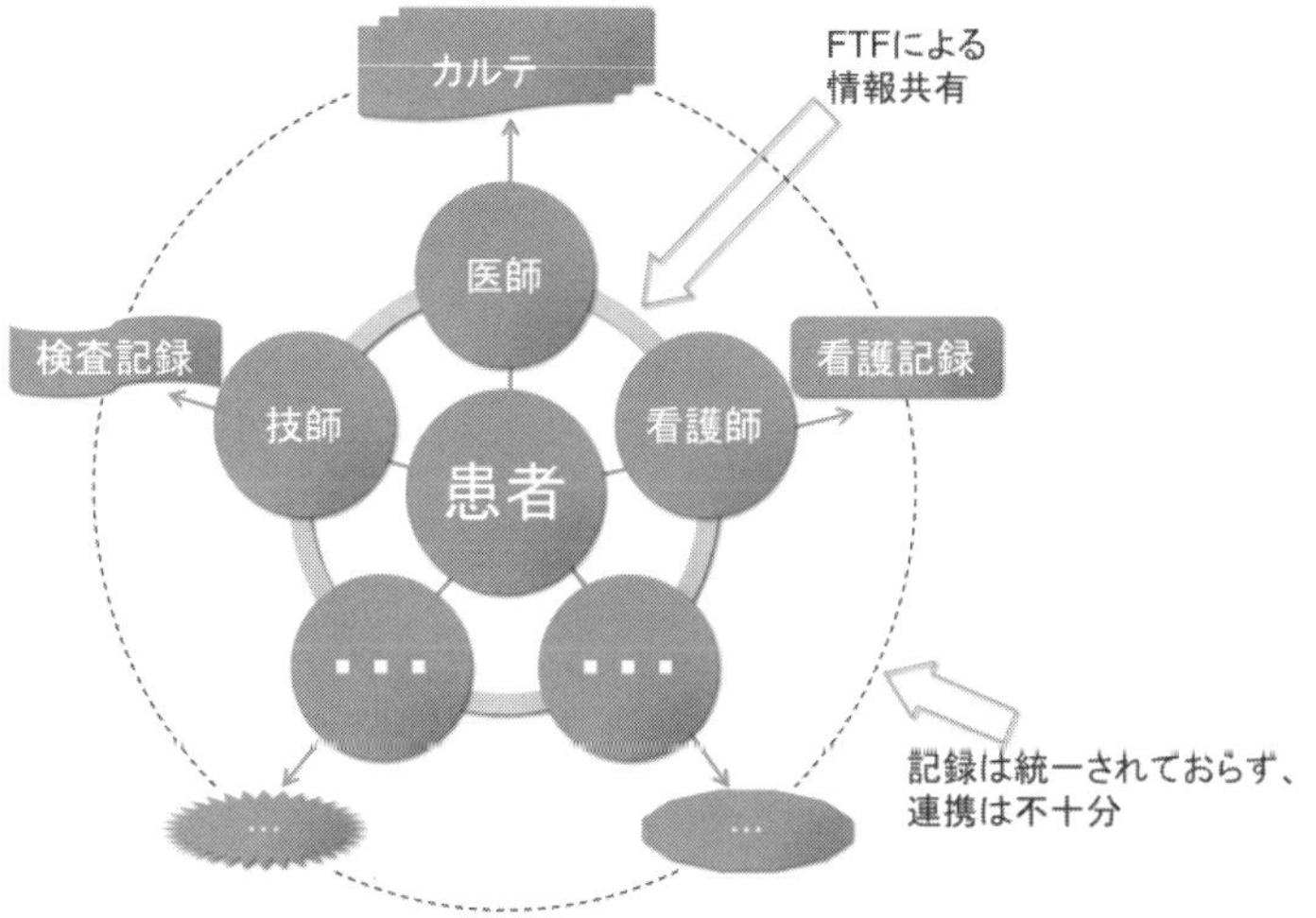

出典：筆者作成

ニケーションに依存する部分が大きいため、情報の移転には、人的コストが大きくなり、場所や時間上の制約が生じている。情報の移転の効率を上げるためには、分散記録されている医療情報を医療機関内で統一化することが必要である。また、各部署で医療情報を第1種の情報へと変換・抽出して記録することで、情報の移転の機会を増加させることが可能となる。対面コミュニケーションを必要としない情報の移転の割合を増やすことで、スタッフの負担を軽減し、情報の移転の自由度が高まるはずである。

【RP－3】　医療機関外への情報の移転では、医療情報を医師が第1種の情報へと変換・抽出する負担が生じるため、

移転がスムーズに行われていない

【想定】 医療機関内においては、医師が医療情報を有していれば、患者への医療行為に反映させることができる。しかし、医療機関外へ移転させる場合には、フォーマットに合わせた情報の変換・抽出を行う必要がある。多忙を極める医師には、このような追加の業務負担の余地は少なく、情報の移転の障害になっている。

【結論】 インタビュー調査から、医師が置かれている以下のような状況が確認された。医師に蓄積されている医療情報は第2種の情報として存在しているため、対面コミュニケーションを介さない情報の移転が困難となっている。しかし、第1種の情報への変換・抽出は医師の負担許容量に依存するため、医療機関外への情報の移転には限界がある。また、多くの医療情報を保有する医師ほど、情報の移転のための変換・抽出が大きな負担となるため、情報の移転が起こりにくくなる。

一方で医師の間には、第1種の情報に変換・抽出しきれず第2種の情報として残るインフォーマルな情報に価値があるとの考えもあり、第1種の情報への変換・抽出の負担の問題だけが情報の移転に影響を与えているわけではないようである。対面コミュニケーションの重要性を理解しながら、第1種の情報への変換・抽出の負担を軽減し、医師に過度に依存しない情報の移転の方法を検討することが必要である。このためには、医師に情報が集まる段階で、第1種の情報の割合を増加させることが必要である。患者と接点を持つ各部署が、医療情報を医療機関外でも共有することを念頭に第1種の情報として記録することで、医師に情報が集まる段階で、第1種の情報の割合を増加させることができる。得られた情報を医師が総合的に判断することによって得られた知識の一部は、対面コミュニケーションによる移転が必要とされる可能性が残るが、医師に集約される情報の性質を変化させることで、医師の負担許容量に制約を受けていた医療機関外への情報の移転の自由度を高めることが可能になる。

【RP-4】医療機関ごとに医療情報が分散記録されているために、情報の移転がスムーズに行われていない

【想定】分散記録は情報を誰が持っているのかを不明確にし、情報の粘着性を高める。そのために、情報の移転が難しくなる。医療機関外での医療情報の移転がスムーズに行われていない理由としては、医療機関ごとに医療情報が分散記録されていることが、情報の移転の障害になっていることが挙げられる。

【結論】インタビュー調査から、医療機関を越えた医療情報移転の以下のような状況が確認された。医療情報の分散記録は、医療機関内であれば、システム化された対面コミュニケーションによって、情報の移転を補完することができる。しかし、医療機関を越えた情報の移転では、対面コミュニケーションを医療機関内で実施するほどには頻繁に行えない。したがって医療機関を越えた情報の移転では、第1種の情報への変換・抽出の重要性が高ま

る。医療機関間でも、対面コミュニケーションによる第2種の情報の移転は存在するが、医師同士やMRを介した移転のため限界がある。

またインタビュー調査からは、分散記録された情報を集めるだけでは、知識として活用できない背景も明らかになった。これは多くの記録が文章として多義性をもった形で記録されていること、抽出の際に情報が関連性を切られたスナップショットの状態で集められることによって因果関係の分析ができなくなることなどである。これは、統合解析を行うことを見越して情報を蓄積していないことに起因する問題である。医療機関ごとに医療情報が分散記録されていることに加えては、それらの医療情報が医療機関を越えて統合利用されることが想定されていないことが、情報の移転において障害になっているといえる。

今までの医療では、個々の医療の現場のニーズにもとづいて医療情報が記録されることによって、現場に即した医療システムが構築されてきた。しかしそれは同時に、医療情報の分散記録という現状を生んでしまった。今後は医療情報を最大限に活用するために、医療機関という枠に捉われず、情報環境整備を進めていく必要がある。このためには全ての医療機関をフラットにつなぐ情報システムや総合データベースの構築が重要であると同時に、医療情報の統合解析を行うことの意義を広く医療スタッフが共有することが必要である。

図表10－2は本研究でとらえた、医療機関外の情報の移転の全体像である。ここに示す人を

図表10－２　医療機関内の情報の移転 概念図

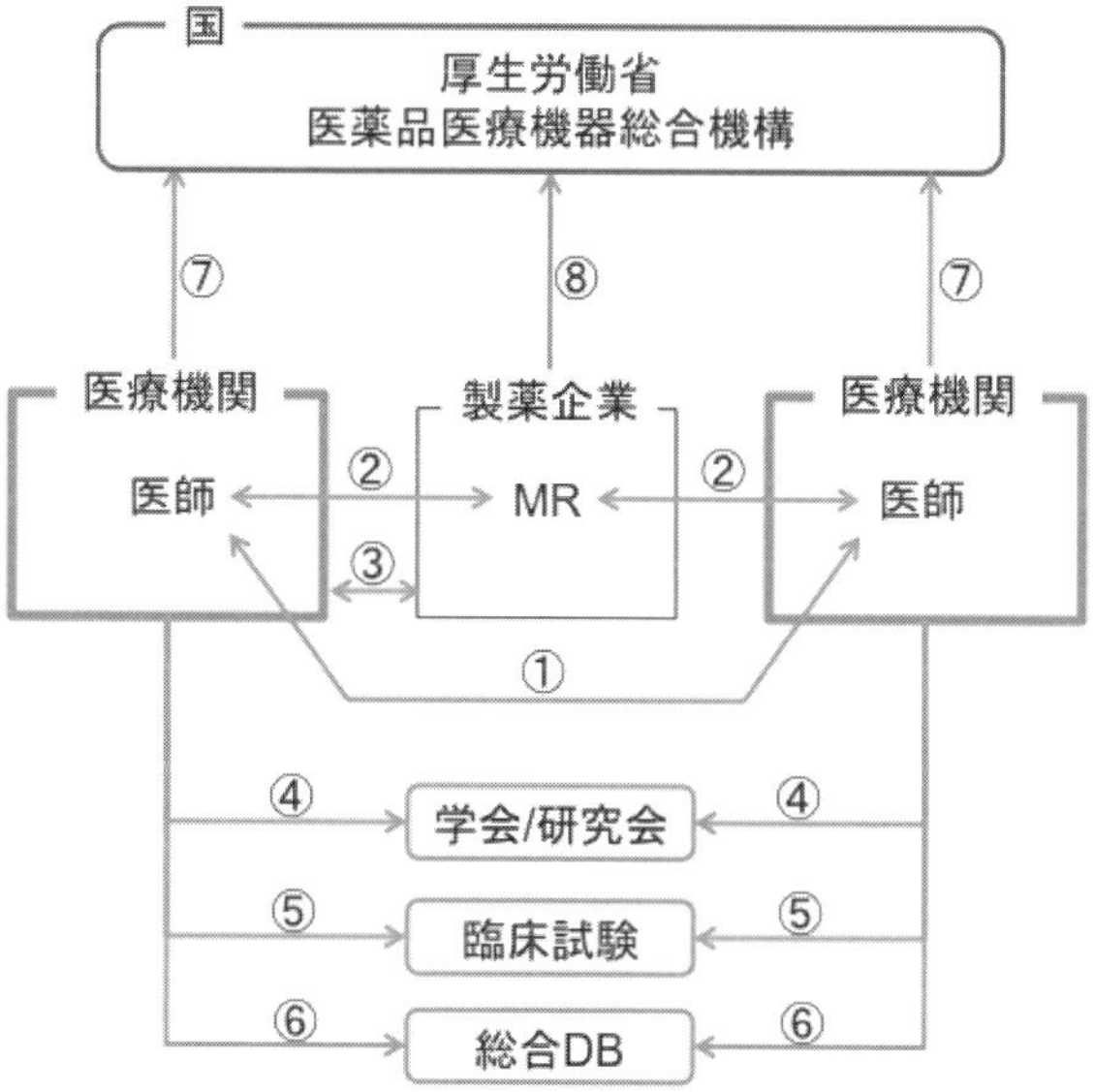

出典：筆者作成

介する情報の移転（①、②）については先行研究においても重要なフォーマルおよびインフォーマル情報の共有の場であることが示されている。忙しい業務の中で機会をつくる難しさは存在するが、医師にとっても保有している情報をそのままの形でディスカッションし、同レベルの理解を得られる点では情報の移転の障害は少ないと考えられる。一方、情報の変換・抽出が必要な情報の移転（③、④、⑤、⑥、⑦）においては必ず医師が負担を担っている。本概念図において⑧は企業報告であるため、直接の医師の負担としては考えない。

6　おわりに

今、振り返ってみると、私の神戸大学ＭＢＡの入学の目的だった、つきあう人を変えたり、環境を変えたりすることで、今までの自分の常識とは異なる新たな物事のとらえ方を獲得し、新たな人間性を培うことについては、達成されたのではないかと思っている。いや、神戸大学ＭＢＡ入学後の私は、そんなことを考えることもないほど、充実した時間を過ごすことができた。神戸大学では、経営を単に知識として学ぶのではなく、出会った仲間との対話をし、価値観を共有できた。このことは、今後の私の人生にとっての大きな財産であると思う。

会社においても、かつてより広い視野で物事を見ることができるようになったと感じている。私が神戸大学ＭＢＡで行った研究は、それまでに漠然と感じていたことを、あらためて確認したに過ぎないともいえるが、現在の会社をとりまく状況を客観的に再認識するうえで有用だった。たとえば、実臨床下での医薬品情報の収集によるデータ構築である「リアル・ワールド・エビデンス」が、今なぜ、医薬品企業から注目されているかについてもより大きな視点で考えることが可能になった。一言でいえば、そこにはアンメットニーズがある。アンメットニーズの解の探索は、社会的な貢献につながるとともに、企業にとっては大きなビジネスチャンスにつながる。目の前の事象に加えて、こうした大きな流れをとらえることで、ビジネス上のより適切な判断を行うことが可能になるのだと思う。
神戸大学ＭＢＡを修了して数年経った今でも，何かあれば，大学で共に時間を過ごしたすばらしい仲間たちに相談をしたり，現状を報告したりし合うことで，お互いに刺激を受けている。このような環境変化を手に入れた私は，一製薬メーカーという小さな枠にとらわれずに自身を発展させ続けることができるようになったと感じている。

Column

◆顧客価値

企業の仕事は顧客に価値を提供することである。製品やサービスの品質を高めるのは価値を高める重要な手段であるが，品質は変わらなくても価値を高める方法はある。組み合わせるサービスの性質が異なれば，価値も異なる。また，価値は顧客によって異なるということを考えれば，顧客を絞り込むのも価値を高めるための重要な手段となる。それによって必要な付帯サービスが異なり，顧客価値も異なる。

（加護野忠男）

第11章

研究者をマネジャーに育てるために何が必要なのか

武田正敬

1　なぜMBAを目指したか

神戸大学ＭＢＡには、どのような人が学びに来ているのか、という疑問に対する回答の一助として、まずは私の個人的な背景（バックグラウンド）について紹介するところから話を始めたい。

私自身は、いわゆる理系の学部・学科、大学院の出身で、そもそも経営学とはあまり縁がない世界を生きてきた。しかし、理系の研究者やエンジニアに類する人々が、一定の職業経験を経てからＭＢＡに学びに来ることが少なくないという現実がある。理系のバックグラウンドをもつ技術者や研究者が、どのような経緯でＭＢＡに興味を持ち、入学の決断をするに至るのか。以下は、そのひとつの事例（サンプル）として読んでいただきたい。

私の個人的な背景を、少し紹介させていただく。私は、学生時代は農学部で、分子生物学の分野―具体的には植物や植物細胞のシグナルトランスダクション―を研究し、大学院の修士課程を修了した。その後は、製薬企業の研究員として社会人経験を開始した。

私は就職後、研究員として企業人の経験を積んでいった。当時の私は、経営学とは全くの無縁であった。正直に告白すると、「経営学部」という学部の存在すら知らない。はっきりいって、そんな状態だった。

当時を振り返ると、ヒトゲノムの情報解読の前夜ともいうべき時期であり、遺伝子研究への期待が高まっていた。私はヒトゲノムからの創薬を志す研究員として、キャリアをスタートし、若手、中堅へと年齢を重ねていった。その過程において、いくつか転機となる出来事があり、改めて見つめ直してみると、小さな転機から、徐々に大きな変化へと遷移していったことに気づく。

さまざまな出来事があったなかで、ＭＢＡを志すきっかけや契機になった出来事としては、大きくは４つが挙げられる。

- 研究所内での少し困った異動、
- 会社の合併、
- 労働組合での経験、
- 研究のバックグラウンドがそのまま使えない、大きな異動、

である。

以下で、これらの出来事を紹介していく。

１－１　研究所内での少し困った異動

忌憚なく、平たくいえば、そこには私の意に沿わない異動があった。入社してから５、６年の頃、少しずつ周囲の状況も見えはじめ、研究所内の部署の特色もわかりはじめた頃の出来事

だった。

当時、私のなかには、異動があったとしても、ここだけには行きたくない、という部署があった。私は、自由な発想、新たな試みが許されていた研究所のなかにいた。一方この部署は、気の知れた同期や同僚からの情報によれば、上意下達の文化があるように思えた（今にして思えば、笑い飛ばせる程度の違いなのだが）。

私は、まさかのその部署へ異動することになったのである。

人事権のあった研究所長に直訴して理由を聞きに行くなど、アクティブに行動してはみたものの、結果として異動を受け入れるようにうまく説得され（部下のマネジメントに長けた上司がいたという意味で、今考えると素晴らしい職場環境だった）、その後は、押し付け型の仕事の与え方がいかに個人（研究員としての自分）のやる気を削ぐものであるかについて、身をもって体験するという、たいへん貴重な経験を積むことになった。

このとき私は、人への接し方、特に上司―部下の関係のなかで、人のモチベーションやパフォーマンスが変わることを体感するという、貴重な経験をした。

1-2　会社の合併

勤めていた会社が合併することになった。私は、「互いに、皆いい大人だし、大きな変化はないのではないかと考えていた。しかし、実際には、会社の規模が一晩で2倍になり、社内では業務の見直しという名目のもとで、さまざまな改革が急激に推進されていった。こうした目に見える変化に比べると緩やかではあったが、目には見えない文化や暗黙の前提なども徐々にではあるが変化していった。

この渦中で私のまわりでは、どのような変化が起きたか。個人的な印象であることをお断りした上で述べれば、創薬の基本姿勢は変わらない（と信じている）ものの、儲かる薬（いわゆるブロックバスター）への志向が強まり、より簡便で、より儲かる可能性の高い創薬の領域に向かうビジネス色が濃くなっていった。研究開発のスピードアップが求められ、短期的な成果を追い求めるようになっていったとの印象をもっている。

研究所ではテーマのステージアップが成果とされ、先行品でP1～P2くらいの治験をしている薬剤の後追い研究で、新規母核の探索をするといったタイプの研究テーマが増えていた。元々臨床試験まで進んでいる薬剤候補をターゲットに追従的な創薬活動を進めるため、創薬の研究テーマ自体にはそれほど新規性はなくても、少し先までは安定して成果を出せるという利用価値があった。導入したステージに依存する部分はあるものの、これらの後発テーマは基本的には進展が早く、ステージアップがしやすい。そして新規母核が取れなければテーマが終了する、というわかりやすい結末を迎える。一方、幸運にも新たな母核がとれた場合は、その先の研究ステージにめでたく進む。しかし、臨床試験をしている先行品と同じフェーズまではいける可能性がある程度見えているものの、先行品が治験を断念すれば、そこから先の保証はなく、結局のところ、前臨床試験実施フェーズ以前にストップすることが少なくない。
会社の合併にともなう以上の体験は、私にとっては晴天の霹靂ともいえるものだった。

1-3　労働組合活動への参画

先の会社の合併が影響している部分が多分にあるが、合併後、業務効率の改善（BPR：Business Process Reengineering）の名のもと、分社化、転籍、事業売却といった会社の再編が起きた。そのなかで、転籍により処遇が変わる（下がる）ことによる従業員のデモチベーションやエンゲージメント低下、優秀人材の離反、退職などが相次いで起こった。私はこれら変化を、労働組合の支部執行役員、支部書記長という立場で経験し、多くの人たちの話を聞くことになった。社内の末端で起こっている変化を目の当たりにする経験をした。

労働組合で支部執行役員や支部書記長などの役割を担うなかで、職位権限（ポジションパワー）を使える会社の職制を通じたマネジメントと、有志自由活動が前提の組合活動のマネジメントの違いを肌で学んだ。

労働組合とはいえ、支部執行役員や書記長は組織を率いる立場であることに変わりなく（書記長当時、約800名の組合員を統括する立場にいた）、職位権限が効かない組織をいかに方向付けるか、ということに頭を悩ますようになった。そのなかで社員のキャリア観やモチベーションの問題を考えざるを得なくなり、人に対する興味を深めるきっかけとなった。「リーダーシップ」「キャリア開発」「モチベーション」といった概念に接し、心理学など、これまで学んだことのない分野の学習をはじめるきっかけとなった。

研究員をしながら改めて人に興味を持つきっかけを得たことは、私にとっての非常に大きな人生の転機となった。新たに学んだことを自分なりに理論化し、組合活動や日々の研究業務のなかで使ってみては、効果を確認しながら、試行錯誤を繰り返していた時期で、私の人生のなかで1、2を争う、最も充実した時期だった。

一方で私は、社内外の研修やセミナーに積極的に参加するようになり、身銭を切って色々な方から各種の内容を学ぶようになった。そのようななかで、会社の人材開発責任者の目に留まり、人材開発のセクション（グループ会社）に来ないか、との打診を受けた。大いに迷った末に私は、研究員人生からいったん離れる決意をして、スタッフ部門への異動が実現していくこととなる。

1－4　研究のバックグラウンドがそのまま使えない、大きな異動経験

組合の役員をしていた当時の私は、「やりがい」と「働きがい」があれば、どのような部署でも「自己実現」や「自己表現」を通じた成果の創出ができるとの信念をもっていた。今となってみれば、「やりがい」や「働きがい」があるというのは、かなり幸せで恵まれた職場環境だと思うのだが、当時の私には多様な職場環境が見えていなかった。

「収入」よりも「やりがい」と「働きがい」を優先すべき。なぜなら、「やりがい」と「働きがい」のある仕事の先には、後から「収入」もついてくるはずだから。当時の私は、このように考えていた。この私の信念の是非については、私の職業人生が終わった後に結論を確認したい。

さて組合の役員などをするなかで私は、人生は一回きりなのだから、色々な経験をした方がいい。また研究者としてキャリアを積み上げていく先には、研究所のマネジャーやスタッフ業務など、いずれ研究現場から離れる（離される？）時期が来る、とのイメージをもつようになった。そしていずれそのような時が来るなら、先にそのようなことを体験してみてもいいのではないかと、考えるようになっていた。だから先の打診を受けて、大好きな研究現場を離れることにしたのである。

実際に研究所の外に出てみると、今までとは違った世界が広がっていた。それまでに私が受講していた研修の裏側に触れることができたのはもちろん、見聞きすること、接する人々の多くが新しく、刺激に満ちた毎日となった。多くのマネジャー職の方々に接する機会も増え、また研修運営でも、人にまつわるさまざまな理論に触れる機会が増えた。経営に関する考え方を伝える立場になること、講師の先生方とレクチャーの中身を詰めるなど、少なくとも基本的な経営学の知識や素養があった方が望ましいと感じる場面が増えてきた。経営と人材育成は密接に関わっていることを知れば知るほど、経営学の基礎知識の重要性が身にしみて感じられるとともに、講師の先生方と踏み込んだ議論がしづらい（できない）こともあり、今すぐではないにしても、いずれ近い時期に経営学を学ばないと、という思いを抱くにいたった。

2　なぜ神戸大学MBAを選んだか

ここまでが、私がMBAを志すに至った経緯である。経営学を学んだ今、研究の現場に戻っても研究のあり方や、打ち出すテーマの方向性や考え方を変えることで、新たな価値を生み出せるのではないかとの思いを抱いているが、今のところまだ、こちらの野望は実現していない。

次に、なぜ神戸大学のMBAを志すに至ったかについてご紹介する。

簡単ではあるが経緯で紹介してきたように、私はキャリアの節目を経るごとに、人に関する興味を高めるようになっていた。そのプロセスでさまざまな書籍に出会い、多くの考え方に触れる機会に恵まれた。その中で特に私の興味を引いたのが、「モチベーション」「リーダーシップ」「キャリア」などのジャンルであり、そこでは神戸大学の金井壽宏先生のお名前を多く拝見した。

このころの私は、MBAの存在は知っていたが、海外のもの、というイメージがあった。金井壽宏先生の存在を通じて、国内であってもMBAというものが存在し、経営について学べる機会がある、ということを知った。

また、当時の私の上司が神戸大学ＭＢＡの修了者で、この金井壽宏先生のゼミ出身者であったこと、そしてその金井壽宏先生が神戸大学ＭＢＡでゼミをもつ年度が来る、ということを知り、結果はどうあれＭＢＡの世界に飛び込んでみることにした。

ＭＢＡを志すに当たり、収入をなくしたくはなかったので、会社を休職せずに学べるコースという機会があることはありがたかった。そしてＭＢＡで何を学ぶか、ということも大きな要素であるが、私にとってはどなた（誰）から学ぶか、ということが非常に大きな要素だった。数々の書籍やご講演でお目にかかっていた憧れの金井先生や三品和広先生といった一流の先生方からレクチャーを受ける機会がある、ということがたいへん魅力的で、神戸大学ＭＢＡを志望するに至った。

3　神戸大学ＭＢＡでの学び

3-1　ケースプロジェクト研究

神戸大学のＭＢＡでは「統計解析」「アカウンティング」「ファイナンス」「ゼネラルマネジメント」「組織行動」など、さまざまな科目を学んだが、「プロジェクト研究」からの学びのインパクトが大きかった。プロジェクト研究の内容については、他章ですでに紹介がなされているかと思う。以下では簡単に、私自身の体験を紹介しておく。

神戸大学のＭＢＡの入学ガイダンスの場で、１つめのプロジェクト研究である「ケースプロジェクト研究」のグループが割り当てられていることを知らされ、入学とともにプロジェクト研究がはじまった。私の入学年次のケースプロジェクト研究の共通テーマは「Pro-Korea」だった。韓国企業が急成長するなかで、この流れをとらえて成長している日本企業があるはずで、こうした日本企業を探し出し、成功の秘密を報告しなさい、という課題が与えられた。

このケースプロジェクト研究では、多種多様なバックグラウンドのグループメンバーと、自分自身の業務やＭＢＡに来た経緯などについても意見を交わす経験もできた。

プロジェクトでは、どのような切り口でアプローチすれば、課題にあった企業が見つかるのか、グループで議論し、「これは！」と思った企業にはヒアリングの申し込みをし、各会社の事業について教えていただいた。「ヒアリングは難しいだろう」と思うような事項についても、ていねいに応じていただけることもあった。もちろん「神戸大学ＭＢＡの学生」という看板があったためにスムーズにいった部分もあるとは思うが、企業に対するアプローチの仕方によってはヒアリングを引き受けてもらえないこともあったようである。同期の他のグループからも情報交換をするなかで、多くの関係者の協力を得ながらプロジェクトを進めて行くために必要な多くの知見を学ぶ機会となった。

3-2　テーマプロジェクト研究

もう1つのプロジェクト研究である「テーマプロジェクト研究」では、学生が自分たちでグループ編成を行い、自分たちの課題意識からテーマを設定し、どのような企業を調査してテーマの仮説を検証していくかを検討する、という流れで進めていくプロジェクト研究であった。

私たちのチームでは、「従業員が自発的に働いている企業の研究―なぜあの会社の社員はイキイキしているのか？」をテーマに研究を進めた。このグループのメンバーは共通して、「あの頃の（昔の）会社はもっとよかった」「もっとイキイキと働いていた時代もあった」「やりがいを、最近の会社のなかでは感じにくくなってきている」といった数値では表しづらい雰囲気や気配で感じており、「このままではいけない！」という自分たちの危機感がどこから来ているのか、また、そのような課題が生じていない企業は、同じ時代環境のなかにありながら、どうしてそのような職場環境を実現できているのかを解き明かすことに挑戦した。

テーマプロジェクト研究では、同じ危機感をもつ仲間たちと、さまざまな仮説をめぐり意見を交わした。実際に働きがいがあるとされている企業としてどのような会社があるかを洗い出し、対象企業の絞り込みや、ヒアリングを進めていくなかで、絆を大切にする経営者の意思があることを感じ取った。

一見答えのなさそうな漠然とした問題意識であったとしても、その背景に潜む意味を掘り下げ、実践的な深い問いに至ろうとするのが神戸大学ＭＢＡに集う仲間たちのすごいところだと実感している。共に学ぶことを通じて、仲間意識が芽生えるだけでなく、オープンに話せる土壌が醸成されていき、非常に多くの恩恵を受けることができた。

4　製薬企業における研究職から管理職への移行

4-1　修士論文のテーマ設定の経緯

神戸大学ＭＢＡへの入学当初、私は、グローバル人材の育成、中でもグローバルにリーダーシップを発揮できる人材をどのように育成するか、という業務上の課題に注目していた。一方で、世の中には多くのグローバルリーダー育成をうたった研修やセミナーがあるが、本当にそれらは効果があるのか、あるとしたらそれらの効果をより高めるにはどのような取り組みが大切か、といった問いに答える研究に取り組みたいと考えていた。

しかし実際に研究を進めようとすると、「優れたリーダーとしての要素に、国籍は含まれるのか」など、さまざまなことが気になりはじめ、自分にとってしっくりくる（腹落ちできる）問いを構築できなかった。行き詰まっていた私に、指導教員の金井壽宏先生は、研究において一番大切なことは内なる声であり、心からの疑問や個人的な問題に結びつくテーマを選ぶことである、とのアドバイスを下さった。そのようなテーマであれば、ここ一番というときに踏ん張るための原動力になる、と。

私は改めて自分が抱えているモヤモヤ感に向き合うようになり、「研究職からマネジャーへの移行」というテーマに行き当たった。新薬の開発を行う、いわゆるブランド薬メーカーでは、画期的な新薬を開発し、上市し続けることが企業成長の生命線である。しかし当時の医薬品産業では全体としての新薬の上市数は減少傾向にあった。加えてブロックバスターと呼ばれる売上げの大きい薬剤の特許が次々と切れていくという経営上の課題を抱えていた。

このような背景から、私が当時所属していたような新薬創出型の製薬企業が成長し続けるためには、グローバルリーダー育成よりももっと重要な人材上の課題があるのではないか、との思いを抱くようになった。すなわち、新薬の創出をマネジメントする研究所のマネジャーが極めて重要なキーパーソンではないか、と思い至ったのである。研究所のマネジャーの質を高め、新薬の候補を適切に世の中に出していくよう、研究員の行動を適切にマネジメントできる人材を排出していくことは、自社にとって極めて大切な課題と考えた。

研究所のマネジャーは、研究員から昇進・昇格してマネジャーに任用されていく。この研究員からマネジャーへの移行期に、研究所のマネジャーたちがどのような経験をしているかを探ることにした。

理系人材がマネジャーへと「変化」していく。この局面においてスタッフ部門は、どのような支援を行うことができるだろうか。研究者からマネジャーへの移行期に、どのような支援を研究者が必要としているかを明らかにすることで、この問いに対する答えのヒントが得られると考えた。そしてその先に、成果創出能力の高いマネジャーの育成支援につながる可能性が見いだせると考えたのである。

こうして私の修士論文のテーマは、「製薬企業における研究職から管理職への移行に関する研究」に定まった。

4-2 研究開発部門の管理者やリーダーに期待される役割

医薬品産業では近年、画期的な新製品の研究開発の重要性が強調されている。画期的な新製品には創造性のある研究開発が必要であり、この研究開発の成果を新製品につなげていくことが必要である。新製品開発は、医薬品産業だけではなく、製造企業一般における古くからの重要な経営課題でもある。そのなかで私が所属している製薬産業では、国内大手製薬メーカーの売上げと利益を牽引してきた主要な薬剤の特許が、2010年頃を境に満了するという問題があり、大きな変動が生じることへの懸念が指摘されていた。

新薬という研究開発の成果を、企業という組織において生み出すのは、現場の第一線にある研究開発者たちであり、さらに組織としての成果という観点から考えると、彼ら研究開発者たちを束ねる上司やリーダーが、研究開発の生産性に与える影響は少なからぬものがあるといえる。この研究開発成果の創出の責任を負う研究開発部門の管理者やリーダーに期待される役割は、組織的なイノベーションを促進することであり、そこでの短期的な焦点は研究開発者の動機づけにあり、長期的な焦点は研究開発者を専門家として育成することにあるといわれる（Donald B. Miller "Challengers in Leading Professionals", *Research Technology Management*, January-February 1988, pp.42-46）。

ひるがえって考えてみると、果たして実際に、われわれ企業の現場は、この期待にどの程度応えることができているだろうか。本社の管理部門などでは、上司と部下の関係は、監督や統制を中心とする管理スタイルで規定されていることが多いように見受けられる。しかし、こうした目標設定型の管理スタイルは、目標が量的に規定されている環境や、投入した時間と生み出される成果との間に正の相関があるような業務では有効だと思われるが、研究開発、なかでも革新的な新薬の創出を目指す創薬研究業務のような領域においても有効なのだろうか。そして、対象者（被管理者）が高度な専門性をバックグラウンドにもつ高学歴の研究員（大学院の修士課程や博士課程を経て研究所に配属されている）である場合にも有効であるのかについても疑問が残る。

とはいえ、監督や統制を止めて、すべてを研究者の自主性に任せて、自由に研究を進めさせるようにするだけでは、企業の存続に有効な研究成果がタイムリーに創出されていくことを期待しにくいことも確かである。

研究開発者に関する先行研究を紐解いてみると、研究開発者は研究開発の行為・業務そのものに価値を見出し、作業の具体的な進め方などに関して決定権を求める傾向にある（BenAmi, Blau, "How IBM Technical Professionals Perspective Their Work Environment," *Research Technology Management*, January-February 1989, pp.27-30.）など、自律性を重視する特性がある。しかし企業においては、研究開発の管理においても、監督や統制を主とする画一的な管理が好まれる傾向があり、自立性を求める研究開発者と管理手法との相性の難しさから、多くの研究開発者が、その能力を十分活用できていない（Miller, 1988）との指摘もある。これは筆者の個人的な体験からも納得性の高い指摘であると考えられる。

4-3　研究者はどのようにしてマネジャーになっていくのか

これまでの研究では、企業内でも特殊な仕事環境にある研究開発者（専門職）の特性を明らかにした上で、彼らをどのようにマネジメントするか、あるいは研究開発部門における既に存在しているマネジャーやリーダーがどのような行動特性を持っているか、また彼らの理想的な行動特性とはいかなるものか、ということについて議論がなされてきた（三崎秀央『研究開発従事者のマネジメント』中央経済社、２００４年、開本浩矢『研究開発の組織行動』中央経済社、２００６年）。しかし、そのような研究開発人材が、どのようにしてマネジメント・スキルやリーダーシップ・スキルを獲得してマネジャーになっていくかという、つなぎの問題に関しては、あまり議論がなされていないという印象をうけた。

研究開発に従事する人材の特性に目を向けてみると、彼らは自律志向が比較的強く、組織へのコミットメントが相対的に低いとされ、プロフェッショナル人材としての傾向が窺える。研究開発という職種から生み出される成果が、企業の経営に与える影響の大きさを考慮すれば、そこでの成果に責任をもつマネジャーの役割は極めて重要である。

新薬開発型の製薬企業では、研究開発の成否がその将来を大きく左右するわけで、知識集積産業の典型とされることが多い。しかし製薬企業の、なかでも新薬の種を生み出す研究職の管理職登用時の問題に焦点を当てた研究は極めて少ない。

以上より私は、ＭＢＡの論文においては、製薬企業Ｘ社を対象に、新薬の創出という重大なミッションを担う研究部門のマネジャーが、研究職から管理職（マネジメント層）へと登用された際に、どのような問題に直面し、そこでどのように対処していったかを調査することにした。このような調査は、研究職特有のマネジメント上の問題を特定し、その対処方法の発見につながると考えての課題設定だった。

4-4　マネジャー候補は研究所出身者

以上の課題設定をもとに本研究では基軸となるリサーチクエスチョンを、以下の2点に絞り込み、以下のような方法で研究に取り組んだ。

【リサーチ・クエスチョン】

- 新薬創出の領域において、研究者がマネジャー（管理者）になるときにどのような問題に直面するのだろうか
- 新薬創出の領域において、研究者の背景をもつ新任マネジャー（管理者）は、この移行課題をどのように乗り越えているのだろうか

【研究方法】

製薬企業X社において、3年以内に研究員からマネジャーに昇進した14名を対象に、マネジャーになった時期の経験についてのインタビュー調査を行った。そのうえでグラウンデッド・セオリー・アプローチをもとにインタビュー・データの解析を行った。グラウンデッド・セオリー・アプローチとは、「データから理論を築き上げることを目的とする1つの方法論」（A. Strauss, and J. Corbin, *Basics of Qualitative Research: Techniques and Procedures for Developing Grounded Theory*, 3rd ed. Sage Publications, 2008（操華子・森岡崇訳『質的研究の基礎　グラウンデッド・セオリー開発の技法と手順　第3版』医学書院、２０１２年）で、データに根ざして帰納的に理論を構築していくという特徴がある。このため、先行研究の乏しい研究領域や、新たな発見事実を求めるような探索的な研究に対して効果的な手法として、本手法を選択した。

【研究結果】

インタビュー調査にあたっては、研究所に所属していた当時の私の人脈や経験が強みとなった。X社内の研究所の人材のなかでハイパフォーマーと呼ばれる方たち全員にインタビューを行ったが、この方たちとは研究員時代に知遇を得ていたり、人材開発部門に移ってから研修の場で知り合ったりしており、すでに面識がある状態であったため、率直なお話を聞くことができた。

調査の結果、製薬企業の研究所の人材は、企業内のマネジメント人材の候補者プールになりうるという結論を得た。調査を通じて浮かび上がってきたのは、研究所のマネジャーは、研究所出身者でないと務まりにくいことである。これは、部下となるメンバーが、研究領域における専門性やバックグラウンドがない上司が言うことには正当性がないと感じたり、理解や納得が難しく思えたりしてしまうためである。「彼（上司）は事象（サイエンス）を分かって言っている」と部下に思ってもらえるのと、別の視点でのコメントだと思われてしまうのでは、部下がついてくるかどうかに大きな違いが生じるとの示唆を得た。

研究所出身のマネジャーは、製薬企業の生命線となる薬剤についての知識、作用機序や薬効を生じさせるメカニズムに対する理解がある人たちであり、そのような人たちが、開発チームの管理手法や、担当する事業領域のビジネスの仕組みを理解することで、新薬創出の大きな戦力になり得るとの印象を持った。少し誇張していえば、企業の研究所人材の活用は日本の製薬企業の経営の強化をうながす、ということになる。

私の修士論文の研究は、経営学のなかでは、キャリア研究、中でもキャリアトランジションというカテゴリーに分類されるテーマになる。本研究からえたキャリアの移行についての知見は、日本特有の労働市場問題と関連していると見ることも可能である。

人材の流動性が日本より高いアメリカの場合、キャリアを積む道筋として同じ職種系列でよりよい、より有利なポジションへと、転職を重ねながら進んでいく背景があり、キャリアについては自身で考え、自身で責任をもつ傾向が強いとされる。

一方で多くの日本企業の人材は、1つの企業に留まる傾向が強く（労働市場が未成熟、という背景もある）、社内にポジションがなくなると、社内の異なる職種系列に異動し、ローテーションを経ながら各種の職務経験を積んで昇進・昇格していく場合が多くなる。そのために日本企業では、必ずしも同じ職種系列でキャリアを積んでいくわけではないとの暗黙の前提があるように感じられる。キャリアについては自己責任であり、自分で考えなさいと標榜する一方で、どこか別の力により異動が行われ、結局は自分以外の誰かが自分のキャリアを考えているという状況が日本企業ではあるように思われる。キャリアという観点から日本企業を見直してみると、理系人材のキャリアトランジションをうまく促して育成することは、企業内の限られた昇進・昇格の機会を有効に活用することにつながると考えられる。

5　おわりに

私は神戸大学ＭＢＡで経営学を学び、修了後に転職という新たな挑戦をすることにした。ＭＢＡという、会社の外での学びの経験は、自分自身と会社とを客観的に見つめ直す機会となった。転職してみてさらに思うことは、会社を出ると元の会社のいいところが見える（見やすくなる）ということである。

私が神戸大学ＭＢＡで得た最大の資産は、共に学んだ仲間たちである。苦楽を共にした仲間というのは有難いもので、異なるバックグラウンドをもった仲間が同じ課題に取り組むことから、さまざまな視点が得られた経験は何ものにも代えがたいものと感じている。

先端の理論や標準のフレームワークについてのさまざまな見解を押さえ、どこにどのようなことが書かれているかを知ることも有用である。しかし、ビジネスにおいてより重要となるのは、事前に解が用意されているわけではない課題に取り組み、経験のなかで困難な課題に挑戦していく力ではないかと考えている。神戸大学ＭＢＡでの学びは、そのための姿勢を体得する有益な機会であった。

Column

◆キャリア開発

仕事は、それを通じて会社に貢献するという側面を持つだけでなく、それを通じて能力や経験を獲得するという側面も持つ。したがって、どのような仕事をどのような順序で経験するかの決定は、働く人の能力開発にとって重要な意味を持っている。能力の開発という視点から仕事経験を設計することは、キャリア開発と呼ばれる。欧米の企業の場合、キャリア開発は個人の決定や選択をもとに行われるのに対して、日本では、人事部が重要な役割を演じている。どちらの方式も長短がある。自分の適性は自分自身が最もよく知っているとは限らないし、仕事の内容についても仕事に就いてみるまで分からない場合もある。この場合には、自分で決めるより、専門家の判断にゆだねる方が合理的であることもある。

（加護野忠男）

第12章

次世代リーダー育成

上田順史

1　なぜMBAを目指したのか

私は学部在学中に、同じ大学のMBAで教鞭をとられている先生方の授業を受ける機会が何度かあった。そのために、漠然とMBAというものに憧れがあった。

大学卒業後の私は外資系企業に入社し、その後は購買キャリア一筋で、複数の外資系会社で働いてきた。

私がMBAで学ぶことを真剣に考えはじめたのは、マネジャー（課長級）の役職になってから5年ほどが経過した時期である。次のステップであるシニアマネジャークラス（部長級）に進めるかどうかの重要な時期を迎えていると自覚しはじめると同時に、キャリアの方向性についても購買キャリアを歩み続けるのか、幅を広げたほうがよいのかを悩みはじめた。

この時期の私は、役職が上がるにつれて求められるものが徐々に変わってきていると感じていた。私自身のパフォーマンスだけでなく、部下へのコーチングや育成、リーダーシップなど、マネジメントのスキルが求められるようになっていた。このような環境下で周囲の先輩を観察し、手本にしながら、私自身の個性や強みを生かしたマネジメントやリーダーシップスタイルを、反省を繰り返しながら、試行錯誤していた。

私には、同じような境遇を経験された方たちが、どのようにしてその壁を1つひとつ乗り越えながら、シニアマネジャー、そして役員・経営者のポジションに到達できたかについて知りたい、という興味があった。そのための学びと交流の機会を得たいと考えたのが、ＭＢＡをめざしたきっかけだった。

2　新たな視点や考え方に触れたい

神戸大学ＭＢＡを志望した動機は、２つあった。１点目は、神戸大学ＭＢＡプログラムの特徴であるプロジェクト方式に共感をもったことだった。プロジェクト方式とは、企業や業界が抱えている実際の課題をテーマにし、学生相互、そして教員と学生の間でともに知恵を出し合いながら、問題の解決策を考えていく教育メソッドである。

当時の私は、勤務先では、社風や共通の判断基準によって、いつの間にか、金太郎飴のように思考パターンが定型化しつつあるように感じていた。出身地や勤務先、年齢や性別など、バックグラウンドが異なる人たちとのやり取りを通じて、自分がもち合わせていなかった新たな視点や考え方に触れたいと切実に思っていた。そして、職場の範疇を超えた多様性のなかで、柔軟に他の意見を取り入れ、意思決定ができることが、経営者もしくはリーダーには不可欠になってくるとも考えていた。神戸大学ＭＢＡのプログラムには、私が求めていた学びや体験に挑戦できる教育メソッドが取り入れられていたことが魅力的だった。

2点目は、利便性だった。独身であれば、会社を辞めて海外留学し、フルタイムでMBAを取得する余地もあったかと思う。しかし既婚者の私には、留学費用や留学期間中に無収入になることなどを考慮した結果、海外留学によるMBA取得では投資金額を回収しきれないという判断に達した。そのため、国内で働きながらのMBA取得を優先する結論にいたった。神戸大学MBAの場合、30－40分程度で通学できた点と、主要な講義が金曜日の夜と土曜日の終日に組まれていたため、平日に出張があったとしても、勤務や講義への支障を最小限にしながら通学できる点が魅力だった。

3　神戸大学MBAでの学び

3－1　ケースプロジェクト

神戸大学MBAでは通常の講義に加えて、1年次前期にケースプロジェクト、1年次後期にテーマプロジェクトという、1チーム5－6人で4－5ヶ月間かけて取り組むプロジェクトワークがあった。ケースプロジェクトでは居住地や勤務地が近い人が同じチームになるように大学側でチーム編成がなされており、チームで取り組む課題が指定されていた。他方、テーマプロジェクトでは、誰とチームを組むのか、どのような課題に取り組むかは自由になっており、ケースプロジェクトより自由度の高いスタイルになっていた。それぞれのプロジェクトワークにおける私自身の学びについて紹介しよう。

ケースプロジェクトで私が所属することになったチームの各メンバーは、年齢、専門、勤務年数、勤務先などのバックグラウンドが異なる6人のメンバーで構成されていた。チームメンバーの勤務先は神戸、大阪、京都とやや距離が離れていたが、自宅は駅にして3駅以内ととても近く、地の利を活かして頻繁に打ち合わせできる環境だった点は、与えられたテーマを拠り所に作業を進めていくうえで、他のチームと比較して恵まれていた。

反省点もある、ミーティングでは、仕事や家庭の都合で欠席したメンバーにどのような議論がされ、どのような事が決まったかを情報共有することが十分できていなかったために、欠席した人が議論にキャッチアップするのに時間がかかったり、チーム内の議論に混乱をきたしたりした。出欠席にかかわらずにメンバー全員が情報共有する仕組みをつくるべきだったと思う。

また、作業を進めていくなかで、それぞれの人の強み・弱みがわかるとともに、議論に活発に加わるメンバーが固定化されていった。チームメンバー1人ひとり、人を活かすという点では、工夫のしようがあったかもしれないと思う。

各メンバーのバックグラウンドが異なる環境下で、テーマについての理解を共有しながら、全員参加の議論を行っていく難しさも痛感した。チームの方針としては、各メンバーの意見を尊重することを重視していたために、方向性や結論が収束せず、時間をかけて議論している割には作業が進展しないという問題にも直面した。

以上のような問題は、普段会社で仕事をしている際にも起きるものもあれば、ケースプロジェクトのようにチームメンバー間に上下関係がないフラットな環境だからこそ起きたものもあると思う。どのような環境であっても、自分の役割を見つけて行動するスキルとマインドを養い、チームの各メンバーがもつ強みを把握し、一人ひとりの能力を１００％発揮できる仕組みづくりの重要さを学ぶ機会になった。

3-2　テーマプロジェクト

次のテーマプロジェクトでは、ケースプロジェクトとは違い、チームメンバーを自分たちで決め、テーマも与えられるのではなく、自分たちで考えることになった。最初のキーポイントはチーム編成だった。周囲を見ると、取り扱うテーマや問題意識が共通している人たち、気が合う同士などでチーム編成している場合が目に付いた。だが私は、①行動力のある人、②論理的思考能力に秀でた人、③家が遠方でないことを基準にしながら、適材と思われる人たちとチームを結成することをめざした。

順調なスタートを切ることができたと思ったが、中間発表で思いもしないことが起きた。神戸大学ＭＢＡ修了生（ＯＢ）のコメンテーターから厳しい指摘を数多くいただき、評価結果は、なんと全チームのなかで最下位と、撃沈した。そこからチームメンバーの危機感が生まれた。

それまでであれば、チームで議論した後には毎回居酒屋に飲みに行っていた状況が一変し、居酒屋にも行かず、授業がある毎週金曜日と、土曜日には夜遅くまでひたすら議論を行う日々となった。

「中間発表では何が悪かったか」「なぜ、あのチームは評価が高かったか」といった振り返りを繰り返したうえで、「テーマもこのままでよいか」「それとも変更するか」とチームメンバー間の意見も割れはじめた。よいアイデアも出ず、時間をかけて議論はしたが、進展がないままに時間は過ぎ、発表まで1カ月を切り、私たちは追い込まれていった。そのなかで、土曜日の授業終了後の12月1日に、気分転換も兼ねて淡路島にあるホテルに泊まりこみ、朝方まで議論を続けて、方向性が決まった。

この議論のなかから、私たちのテーマになったのが「顧客情報の有効活用によるゲームチェンジ：企業と補完企業の協調関係からの考察」である。その後は、やるべきことが明確になったので、時間との戦いになった。発表まで1ヶ月を切った時点で、やることが決まったので、直ちに対象企業とのアポ取りをはじめたが、なかなかうまくいかず、悲壮感も漂い、アポ取りの容易な別の題材にするかという意見も出た。幸いにも、難航していたアポが取れ、インタビューができたのは12月17日と12月21日だった。

その後は、連日チームメンバーで集まり、怒涛のように発表用資料作成を進め、含意についての議論も重ねた。全体像が仕上がったのは1月3日だった。私個人としては、この時点で内容についてはかなり自信を感じるようになり、「いけるかも」という密かな思いをもって、発表当日である1月5日を迎えた。

私たちのチームは、めでたく銀賞（2位）を獲得し、中間発表で最下位のどん底からの逆転復活を遂げることができた。その過程では、妥協せずにとことん考えることの大切さと、苦難や苦境にぶち当たっても、冷静な精神状態で適切な判断を下すことの大切さを学んだ。また、作業を進めていくなかで、チームメンバーそれぞれの人の強みと弱みがより明確になっていき、各人が自分の強みを活かした役割を自然と果たすようになっていくことも体験した。適材適所の人材配置の重要性について学ぶ機会となった。中間発表が最下位という逆境だったからこそ、学びが深まったのかもしれない。

4　シックスシグマ・アサインメント

4-1　次世代リーダー育成という課題

産業能率大学が2012年に従業員300人超の日本企業を対象に行った調査（N＝239）によると、「次世代リーダーの選抜型育成」をすでに実施している企業は51％である。過去の調査結果と比べてみると2006年度調査では38％、2008年度調査では43％であり、年々増加している。選抜の対象層は課長クラスが中心で、課題としては「育成の成果が見えにくい」「企画・実施するための組織の体制が整っていない」が上位2つに挙がっている。

私が勤務しているX社日本法人でも、次世代リーダー育成に力を入れており、サクセッションプランニング（後継者育成計画）、リーダーシップトレーニングなど、数々の施策を講じている。そのなかで、シックスシグマ・アサインメントがリーダー育成の1つとして位置付けられていた。

X社におけるシックスシグマの役割としては、製造から研究開発、マーケティング、セールスまですべての部署において、いかに生産性を上げるか、品質を向上させるかを、社内の部門横断的に俯瞰し、全体最適を図ることを通じて売上と利益の向上に貢献することが期待されていた。トップマネジメントに近い視点で業務を考える機会を得られるのが特徴的であり、シックスシグマに配属された人は、合計5週間のトレーニングを経て「ブラックベルト」の社内資格を取得し、2年間の任期のなかでプロジェクトリーダーの立場で複数のプロジェクトを担当することになる、というアサインメントだった。このアサインメントは、フルタイムかつプロジェクトベースのため、普段のオペレーショナルな仕事がなくなるのも特徴の1つだった。各「ブラックベルト」が担当するプロジェクトは、本人の興味や関心、能力開発などを考慮して決定された。自分で手を挙げて担当してみたいプロジェクトに応募する機会もあり、自己学習や研鑽のための時間も確保しやすい環境になっていた。

各プロジェクトは、解決が必要な各部門もしくは部門横断的な問題を、事業本部長や部門長へのヒアリング、あるいは彼らからの依頼を通じて把握し、もしくはシックスシグマからの提案によりプロジェクトの選定を行い、社長の承認を経てプロジェクトが発足していた。その際には、事業本部長、もしくは部門長クラスのマネジメント層が、プロジェクトのスポンサーとなり、プロジェクトメンバーが任命され、「ブラックベルト」はプロジェクトリーダーとしてチームメンバーを率いて問題解決に向けて奔走する。この過程では、チームメンバーの強みや意見を上手に引き出しながら、解決に向けて導き、チームメンバーに責任感を醸成させるリーダーシップが求められる。加えて「ブラックベルト」には、プロジェクトの方向性についての報告や合意取得、そしてプロジェクトの進捗状況報告などを定期的にスポンサー及びステークホルダーとなるマネジメント層に対して行い、彼らの期待値を上手にマネジメントすることも求められる。これらの経験を通じてリーダーとしての素養を学習していく「ブラックベルト」には、2年間の任期終了後はより大きい責任を負うポジションに就く事が期待されていた。

X社では2004年10月からシックスシグマ活動が全世界的に始まり、X社日本法人では2005年1月から立ち上がっていた。2013年6月1日時点では、X社日本法人の37人が「ブラックベルト」として2年間の任期を終了していた。一部退職した者もいたため、X社に在職していたのは24名だったが、さまざまな部署で中心的な役割を果たしながら活躍していた。

私は、このシックスシグマ・アサインメントがリーダー育成に与える影響について、修士論文で検討してみたいと考えた。次世代リーダーとしての活躍が期待される人材たちが、2年間のシックスシグマ・アサインメントのなかで何を経験し、何を学び、どのような内省を行い、そしてその後の業務に、経験や学びをどのように活かしているのかを調べたいと思ったのである。

4-2　研究課題の設定

先行研究をレビューした結果、「ブラックベルト」は、リーン・シックスシグマにおける中心的な役割を果たしているキープレイヤーであるにもかかわらず、「ブラックベルト」がプロジェクトリーダー経験から何を学び、それがリーダー育成にどのような影響を与えているのかについては、ほとんど明らかにされていないことが分かった。

プロジェクトリーダーをつとめる「ブラックベルト」は、スポンサー、チームメンバー、そして同僚という3つの層の人たちと多くの接点をもっている。このことを切り口に、下記の4つの研究課題を設定し、研究を進めることにした（図表12-1、12-2）。

4-3　調査方法

私の修士論文の調査協力者の詳細は以下である。私が勤務するX社日本法人では、2005年にシックスシグマと言う名称の部署が新設され、2013年6月1日時点では45名が「ブ

図表12－１　本研究の４つの課題

研究課題１	リーン・シックスシグマにおいて，ブラックベルトは，プロジェクトリーダーとしてチームメンバーを導く過程から何を学んでいるのだろうか？
研究課題２	ブラックベルトは，プロジェクトリーダ　としてプロジェクトスポンサーをはじめとするマネジメントとのやり取りから何を学んでいるのだろうか？
研究課題３	ブラックベルトは，バックグラウンドの異なる様々な部門から配属され異なる強みをもった同僚（ブラックベルト）から何を学んでいるのだろうか？
研究課題４	ブラックベルトにとって，シックスシグマ・アサインメントの最大の収穫（学び）は何なのだろうか？

出典：筆者作成

図表12－２　研究課題の相互関係

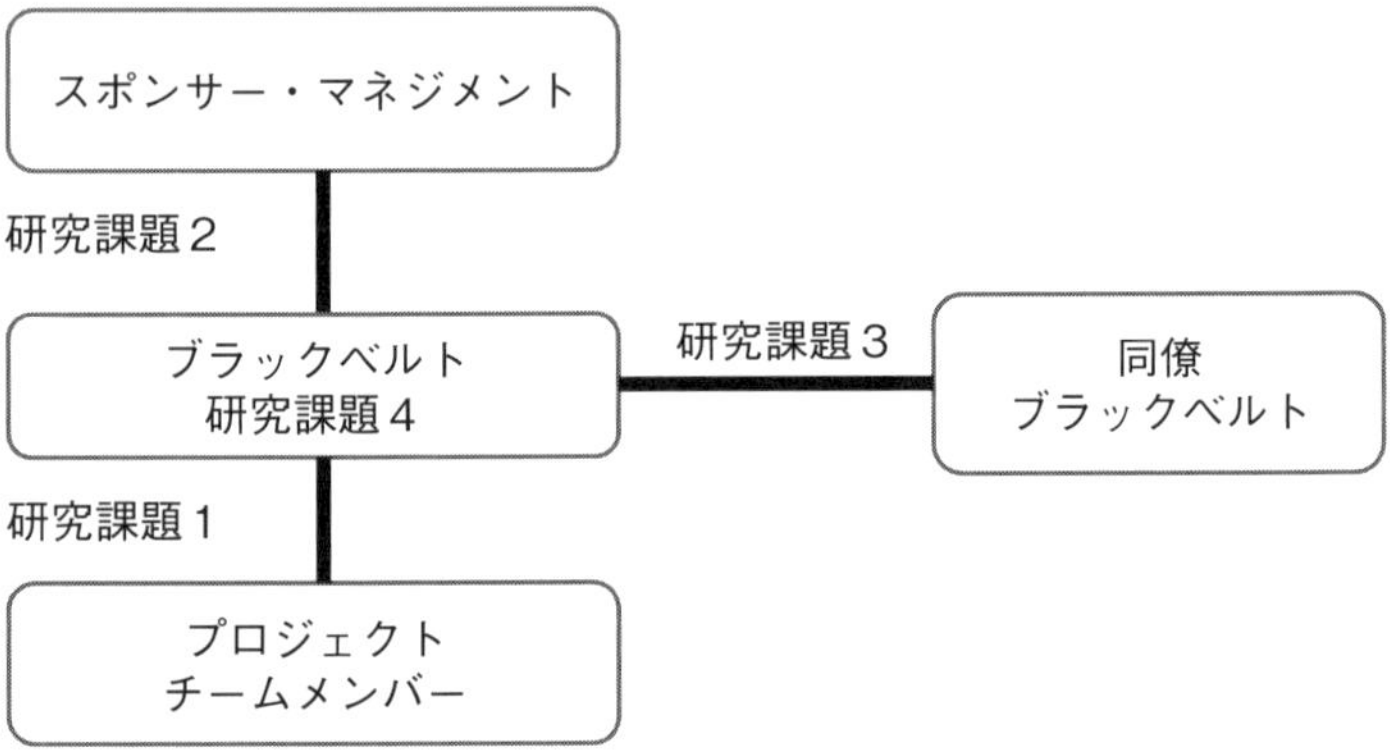

出典：筆者作成

ラックベルト」としてシックスシグマに配属され、そのうち37名がシックスシグマを卒業し、残りの8名がシックスシグマで勤務中だった。

X社日本法人のシックスシグマの「ブラックベルト」としての任期は原則2年で、配属前の所属部署にもとづき、Demand Realization（DR）、Manufacturing（MFG）、そして研究開発の3つの分野において、リーン・シックスシグマ手法をもとにした活動を行っていた。「チャンピオン」と「ブラックベルト」との間の報告関係は、図表12－3のようになっており、各「ブラックベルト」は「チャンピオン」に直接報告するが、「ブラックベルト」間の報告関係はない。「ブラックベルト」個々の社内の役職は異なるが、上司－部下の上下関係はなく、フラットな組織となっていた。また「ブラックベルト」がプロジェクトリーダーをつとめる際のスポンサーとチームメンバーの関係をまとめたものが図表12－4であり、スポンサーとチームメンバーの間には報告関係はなく、「ブラックベルト」がスポンサーとチームメンバーの2者と関わりながら、プロジェクトを進めていく関係になっていた。このような組織体制のもと、特にDRではシックスシグマ・アサインメントがリーダーシップ・ディベロップメントを行う能力開発として位置付けており、次世代リーダー候補となるトップタレント人材をシックスシグマに登用していた。そこで、私の研究ではDRもしくはMFGの出身で現在もX社日本法人で勤務している15名の「ブラックベルト」経験者のうち12名から調査協力を得てインタビュー調査を実施することにした。

図表12－3　組織におけるブラックベルトの位置づけ①
チャンピオンとブラックベルトの関係

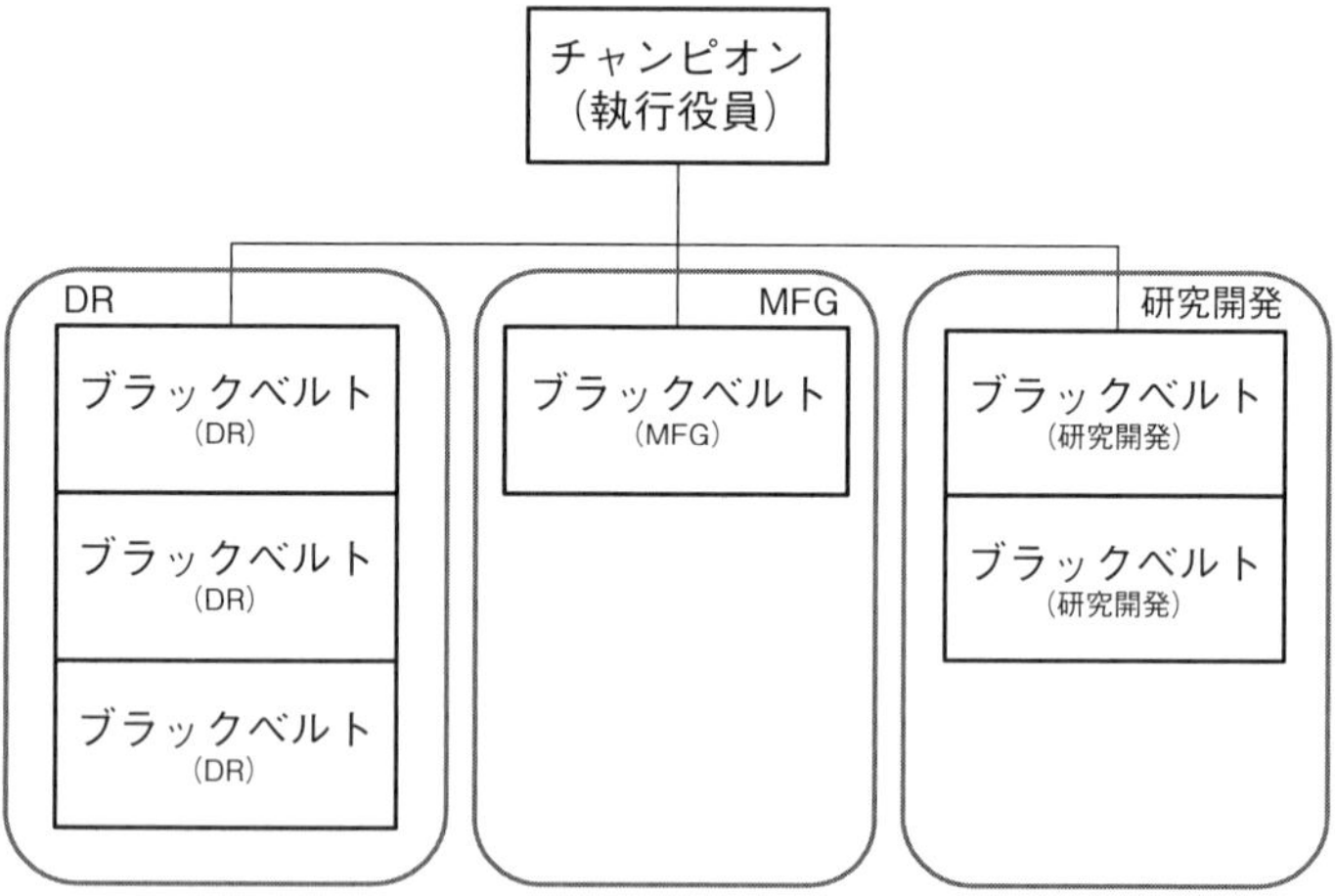

ブラックベルト間には上司・部下の関係はない

出典：筆者作成

実際のインタビュー調査の内容について紹介しよう。インタビューガイドラインは調査対象者が、できるだけ自身の言葉で自身の経験を発言しやすいように作成した。インタビューガイドラインに記載はしなかったが、実際にいくつかのインタビューを行っていくなかで改善した点としては、インタビュー開始の冒頭に調査対象者が「ブラックベルト」として担当した主なプロジェクトの概要（例：プロジェクト名称、プロジェクトの内容、スポンサー名、チームメンバー構成など）について聞かせていただいてから、次に示す4つの質問を行うようにした。インタビュー時には調査対象者の話の流れを優先し、質問する内容の順序は、

図表12－4　組織におけるブラックベルトの位置づけ②
スポンサー・ブラックベルト・チームメンバーの関係

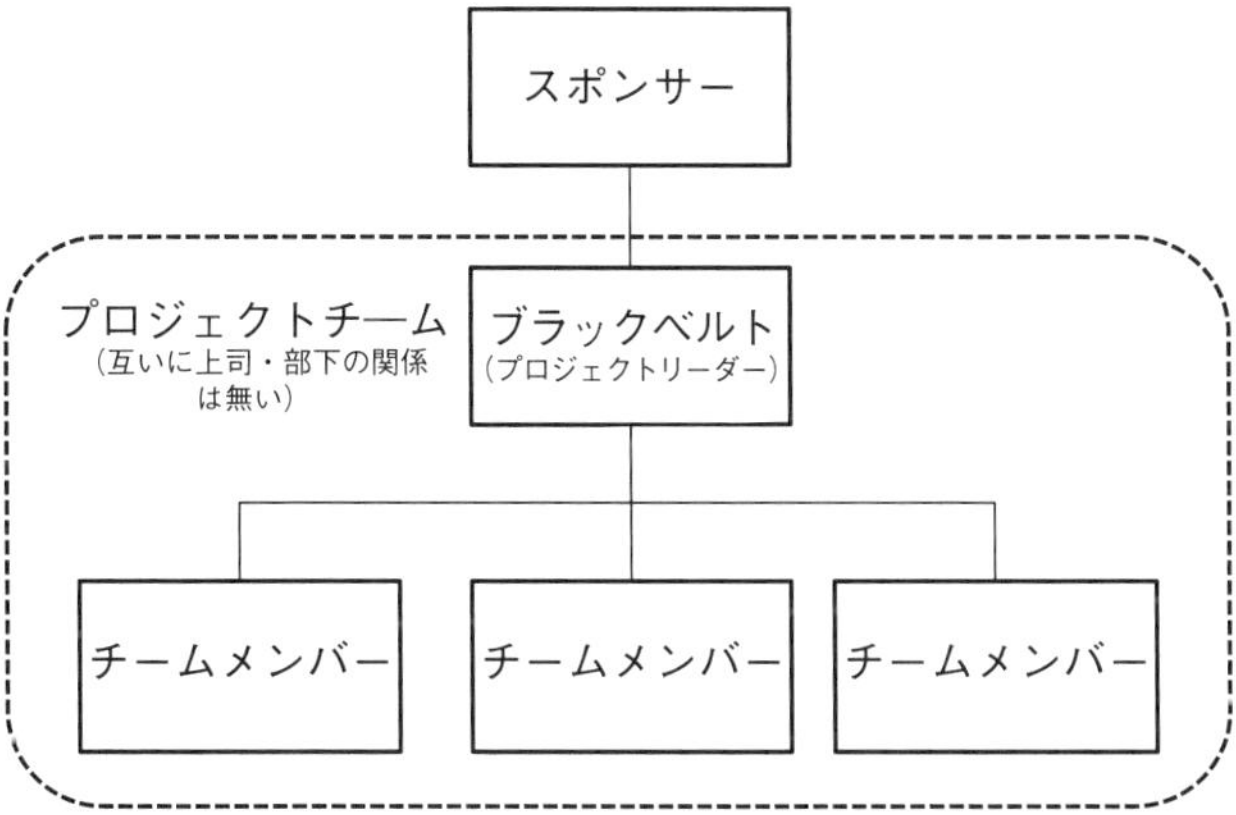

出典：筆者作成

その場で臨機応変に変更しながらインタビューを実施した。

1. プロジェクトリーダーとしてチームメンバーを導く過程での学びについて、具体的な出来事をもとにお聞かせください。
2. プロジェクトリーダーとしてプロジェクトスポンサーをはじめとするマネジメントとのやり取りをするなかで、経営者視点やリーダーシップスタイルを身近で触れる機会があったかと思いますが、どのような機会がその後のキャリアでどのように活かされているかについてお聞かせください。
3. バックグラウンドの異なる様々な部門から配属され、異なる強みをもった同僚（「マスターブラックベルト」「ブラックベルト」）との議論を行ったり、インプットをもらったりする機会が多かったと思いますが、その後のアサインメントで役に立ったと思われることをお聞かせください。

4．ご自身にとってシックスシグマ・アサインメントの最大の収穫（学び）は何でしたか。そして、その収穫（学び）を、その後どのような場面で活かす機会があったのかについてお聞かせください。

インタビューを通じて得られたコメントを分析し、シックスシグマ・アサインメントを通してどのような学びを調査対象者たちがしたかをまとめた結果を、以下に記す。

4－4　分析結果を踏まえた研究課題の考察

【研究課題1の分析結果に関する考察】

リーン・シックスシグマのプロジェクトリーダーとして、「ブラックベルト」がチームメンバーを導く過程から学んだこと（研究課題1）としては、「自分の仕事スタイルや役割を変える大切さ」「畑違いのプロジェクトにおけるチーム運営方法」「上下関係がないなかでのチームの率い方」「チームメンバー選定の大切さ」の4点が得られた。

以上の4つ発見事実から、「ブラックベルト」は、人のマネジメントに関しては、「他者」及び「自分」という2つの側面について学んでいたといえる。

原則2年間の任期の間に6～8のプロジェクトをリードする経験を積み重ねるなかで、「ブラックベルト」は、プロジェクトごとに異なる課題や解決すべき点を踏まえて、どのような経験や知識をもった人をチームメンバーとして招き入れ、各々の個性と強み、さらには接している状況などを短期間のうちに把握しながら、対人関係を構築していくかについての術を学んでいく。

これらのプロジェクトの過程では、リーダーが自分の考え方を相手に押し付けたり、相手の考え方を変えさせたりしようとしても、チームメンバーに招いた1人ひとりは長年その仕事に従事していることが多く、今までのやり方やパフォーマンスを否定されたように受け止められ、反発や抵抗を受けることになりやすい。プロジェクトのリーダーにとって、過去に経験や知識がある分野ではなく、畑違いの分野や、上下関係がない状況においては、自身の意見や考え方をもとにリードしようとすることは最適なアプローチとはならない。

自分と意見が違う相手に対して感情的にならず、相手に応じて柔軟に自身の仕事スタイルを変えていく。このようなセルフマネジメントが、「ブラックベルト」には強く求められる。「自分の仕事スタイルや役割を変える大切さ」「畑違いのプロジェクトにおけるチーム運営方法」「上下関係がないなかでのチームの率い方」「チームメンバー選定の大切さ」の4つの学びは、シックスシグマ・アサインメントならではの学びと思われる。

【研究課題２の分析結果に関する考察】

リーン・シックスシグマのプロジェクトリーダーとして、「ブラックベルト」がマネジメント層とのやり取りから学んだこと（研究課題２）としては、「人の声を聞くことの大切さ」、「利害関係者が複数いる場合のコンフリクトマネジメント」「納得感を醸成することの大切さ」の３点が得られた。

以上３つの発見事実から、「ブラックベルト」は、マネジメント層とのやり取りからは、自分自身の経験から学ぶ「直接経験」と、他者の振る舞いや後ろ姿をとおして学ぶ「間接経験」の２つを得ていたといえる。直接経験の事例としては、利害関係者が複数おり、それぞれの思惑や意見が異なるようなコンフリクトが起きている状況に直面し、試行錯誤を繰り返しながら、自分自身の経験をもとにコンフリクトマネジメント方法を学んだエピソードが聞かれた。他方、間接経験の事例としては、納得感を醸成することの大切さを語るエピソードが聞かれた。

トップダウン型の意思決定をしても、実際に実行する人たちが、その内容や意図を理解したり、納得したりしていないと、意思決定したことがきちんと実行されずに終わってしまうということが、しばしば起こる。リーダーとしてチームを動かしていくには、チームのメンバーに、やらされ感をもたれるような手法ではなく、納得感を醸成する手法によって、腹落ちして自発的に物事に取り組める環境をつくることが必要となる。インタビューからは、「ブラックベルト」が、マネジメント層からの薫陶や、マネジメントの後ろ姿や振舞い方を見ながら、メンバーの納得感を醸成する必要性を学んでいることが確認された。
「ブラックベルト」はプロジェクト期間中に、フォーマルあるいはインフォーマルに数多くのやり取りをスポンサーと行う。そのために、マネジメント層の特定の人物だけではなく、幅広い人たちとのやり取りを通じて、自分なりのリーダーシップの理想形を確立していくことができる。加えてシックスシグマ・アサインメントでは、この理想型を具体的なアクションに落として試してみる機会があるのが特徴で、間接経験による学びが直接経験による深掘りに結びつきやすいといえそうである。

【研究課題3の分析結果に関する考察】

リーン・シックスシグマのプロジェクトリーダーとして、「ブラックベルト」が同僚（ブラックベルト）とのやり取りから学んだこと（研究課題3）としては、「プラクティカル・サポート」「モラル・サポート」の2点が得られた。
自身の知識や経験に限りがあるなかで、「ブラックベルト」には、さまざまな分野やテーマにプロジェクトリーダーとして対処していくことを求められる。その際には、周囲にいる同僚を情報源として活用することで、初めて経験する分野やテーマにおいても短期間で本質をとらえ、効率良く仕事を進めることができる。このように「ブラックベルト」にとっては、同僚とのやり取りが、実際の業務遂行に役立つプラクティカル・サポートとなっていることが確認できた。

一方「ブラックベルト」の職位は、部長、課長、課長代理とさまざまだが、「ブラックベルト」の間には上司―部下の上下関係はない。このようなフラットな組織化によって、些細なことでも気兼ねなく「ブラックベルト」同士が相談したり、語り合ったり、意見をぶつけ合ったりすることがうながされ、それが精神的な支えとしてのモラル・サポートとなっていることが確認できた。

【研究課題4の分析結果に関する考察】

リーン・シックスシグマのプロジェクトリーダーとして、「ブラックベルト」が学んだ最大の収穫（研究課題4）としては、「リーダー経験」「シックスシグマ手法の習得と実践」「キャリア選択肢の広がり」「会社の全容把握」の4点が得られた。

以上4つの発見事実から、「ブラックベルト」は、リーン・シックスシグマに参加したことで、大きくは「スキル習得機会」と「キャリア機会」の2つを得ていたといえる。スキル習得の事例としては、無駄とバラツキを排除するリーン・シックスシグマという確立された手法を学び、これを実践で使いこなしていく過程で得られる体感のエピソードが聞かれた。

他方、キャリア機会の事例としては、短期間に各種の部門横断的なプロジェクトをリードしたことを通して、短期間のうちに会社の全容や仕組みが理解できたことを語るエピソードが聞

図表12－5　研究課題の分析結果のまとめ

	研究課題	学び	学びを語った人数	割合
1	リーンシックスシグマにおいて，ブラックベルトは，プロジェクトリーダーとしてチームメンバーを導く過程から何を学んでいるのだろうか？	自分の仕事スタイルを変える大切さ	7	58%
		畑違いのプロジェクトにおけるチーム運営方法	6	50%
		上下関係のない中でのチームの率い方	6	50%
		チームメンバー選定の大切さ	5	42%
2	ブラックベルトは，プロジェクトリーダーとしてプロジェクトスポンサーをはじめとするマネジメントとのやり取りから何を学んでいるのだろうか？	人の声を聞くことの大切さ	4	33%
		利害関係者が複数いる場合のコンフリクトマネジメント	4	33%
		納得感を醸成することの大切さ	3	25%
3	ブラックベルトは，バックグラウンドの異なるさまざまな部門から配属され異なる強みをもった同僚（ブラックベルト）から何を学んでいるのだろうか？	情報源としての活用法	8	67%
		成長に欠かせない存在	3	25%
4	ブラックベルトにとって，シックスシグマアサインメントの最大の収穫（学び）は何なのだろうか？	リーダー経験	5	42%
		リーンシックスシグマ手法の習得と実践	4	33%
		キャリア選択肢の広がり	4	33%
		会社の全容把握	3	25%

出典：筆者作成

かれた。同時に企業の側には、リーン・シックスシグマプロジェクトを通して、各「ブラックベルト」の能力や適性を把握できるようになるというメリットがあるといえる。これらの結果として、その後のアサインメントにおいては、キャリア機会とのマッチングがしやすくなり、人材資源と企業との良好な関係構築につながることが期待できるといえそうである。

【分析結果のまとめ】

インタビューを通して抽出できた学びを考察してみると、研究課題１のチームメンバーとのやり取りからは、人のマネジメントに関して「他者」および「自分」という２つの側面について学んでいることがわかった。研究課題２のマネジメントとのやり取りをからは、自分自身の経験から学んだ「直接経験」と他者の振る舞いや後ろ姿をとおして学んだ「間接経験」の２つの学習経験をしていることがわかった。研究課題３の同僚からの学びからは、「プラクティカル・サポート」と「モラル・サポート」という２つサポートを同僚から得ていることがわかった。研究課題４のシックスシグマ・アサインメントの収穫（学び）からは「スキル習得機会」と「キャリア機会」の２つの収穫を得ていることがわかった。

5　本研究のインプリケーション

5-1　ブラックベルトが得る学び

本研究の目的は、次世代リーダーとして活躍が期待されるタレントが原則2年間のシックスシグマ・アサインメントのなかで何を経験し、何を学び、どのような内省経験を経てシックスシグマの任期中もしくはその後のアサインメントで、その経験や学びをどう活かしながら今日に至るのかを調べてみることによって、このアサインメントが次世代リーダー育成に与える影響について考察することであった。インタビューとその分析及び考察を通して得られた結果を振り返る。

ブラックベルトたちは、チームメンバー・スポンサー・同僚ブラックベルトの3者とのやり取りをとおして、ブラックベルト本人が直接経験した事から学んだ「直接経験」とチームメンバー・スポンサー・同僚など他者の振る舞いや後ろ姿をとおして学んだ「間接経験」の2つに分類される経験を積み重ねていた。学びの面では、問題解決ツールやデータドリブンの思考など知識面における学びとしての「ハードスキル」と、チームメンバー・スポンサーとのコミュニケーションや信頼関係構築など対人的な学びとしての「ソフトスキル」の2つのスキルを学

図表12-6　ブラックベルトの学び

ブラックベルトの学びについての整理

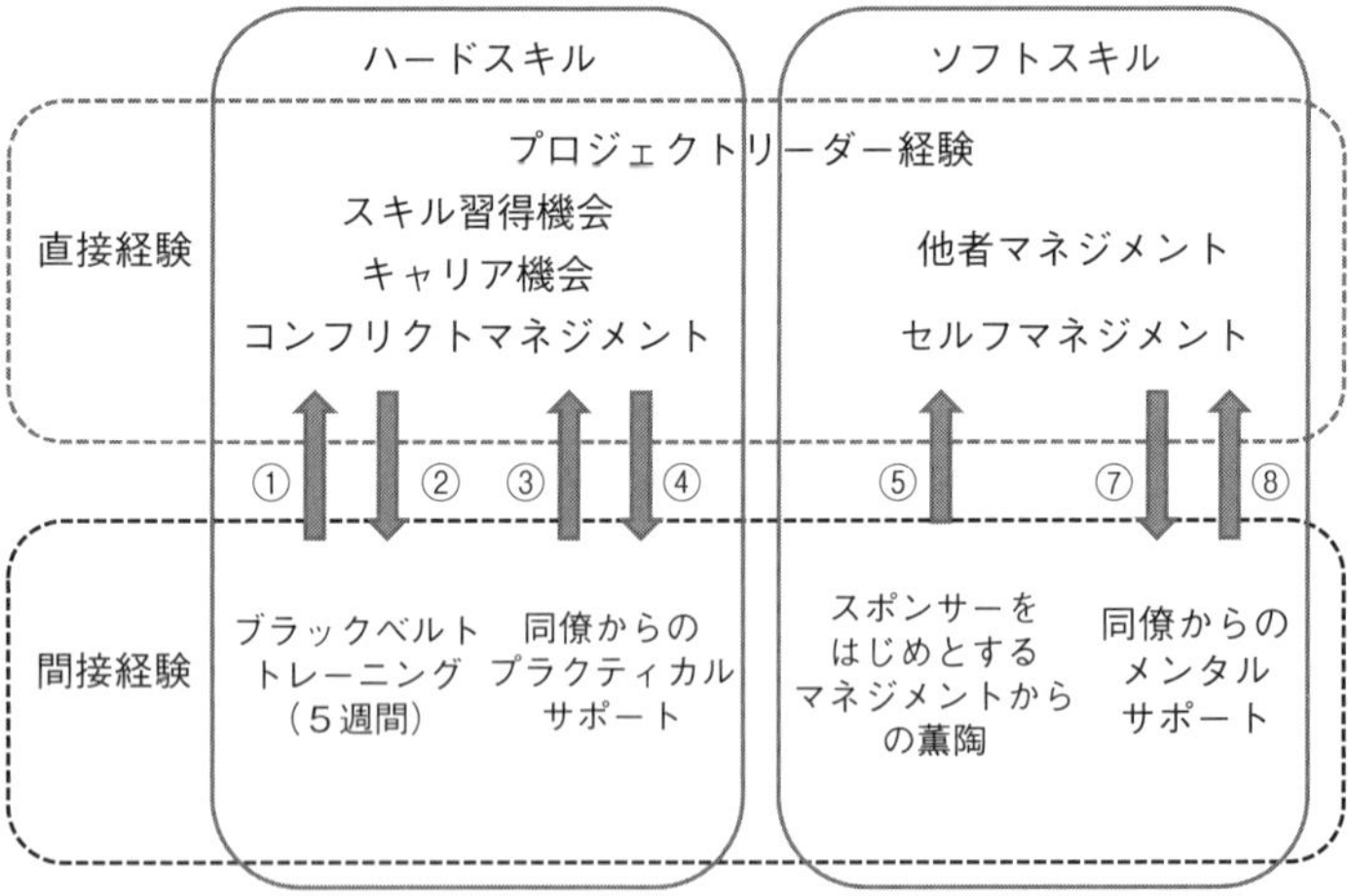

出典：筆者作成

んでいると整理できる。

　このような視点でブラックベルトの学びを図式化したものが、**図表12-6**である。ブラックベルトの「ハードスキル」の代表的なものとして、5週間にわたって受講するブラックベルトトレーニングが挙げられる。ここではシックスシグマの各種分析・問題解決手法やツールを一通り学び、それを実際のプロジェクトリーダー経験のなかで活用しながら、プロジェクトを成し遂げていくことになる。研究課題4から抽出された学びにもあったように、「ハードスキル」として学んだシックスシグマ手法を実際のプロジェクトで実践し、プロジェクト経験を積み重ねるなかでスキルの使い方と使うタイミングを試行錯誤のなかで学び、自分のものとして身につけていく部分が①と②の箇所である。その際に、使い方と使うタイミングについてトレーニングの資料に立ち戻りながら自己学習する②だけでなく、同僚ブラックベルトに相談しながら、同僚からシックスシグマ手法とその使い方等について理解を深め、実際のプロジェクトで実践していく③と④も併用しながら、「ハードスキル」を習得し、それをプロジェクトのなかで活用していくプロセスを踏んでいく。

他方、「ソフトスキル」については、プロジェクト期間中にフォーマルもしくはインフォーマル双方の形でスポンサーをはじめとするマネジメントと接触する機会が数多くあり、マネジメントから直接薫陶を受ける場合やマネジメントの後ろ姿や振舞い方を観察するといったような⑤と⑥の機会をとおして「ソフトスキル」について学び、それを実際のプロジェクトで試し、試行錯誤をとおしてスキルを身に付ける。その他のルートとしては、研究課題3から抽出された学びにもあったように、⑦と⑧のルートも活用しながら、同僚ブラックベルトへの相談や意見交換をしながら同僚がやっていることや同僚が経験した成功・失敗事例や学びを把握し、実際のプロジェクトのなかで実践しながら「ソフトスキル」を学んでいる。

これらの学びのプロセスに共通している点としては、原則2年間の任期内にブラックベルトは6~8個のプロジェクトリーダー経験を積み重ねるなかで、学んだ内容を実践し、その成果を直接確認することができる点だと思われる。この試行錯誤を繰り返すなかでの失敗や学びを次の機会を活かすことができるか否かによって、経験から学習したことを応用する力、言い換えると、経験から学ぶ力を持ち合わせているか否かが判断される。

想定外の状況や刻々と変化するビジネス環境に効果的に対応する能力がリーダーには必要であり、リーダーとしての素質とポテンシャルがあるか否かについて、ブラックベルトは、実際に担当したプロジェクトを事例にしながら評価される。企業側の視点に立って見ると、原則2年間から何を学び、それをどう活かす事ができたのかを評価し、その結果に基づき原則2年間の任期後により大きな責任を負うポジションに就く機会を与えるか否かについて判断できることが、シックスシグマ・アサインメントの1つの利点である。

以上のように、原則2年間と時間を区切ったなかで、ビジネスと密接に関わるがある複雑性が高いもしくは複数の部門にまたがるクロスファンクショナルなプロジェクトを主に担当し、さまざまな分野および人々との関わりを持たせながらプロジェクトリーダー経験を集中的に積ませることによって、リーダー育成とその選抜という面において、ブラックベルト及び会社側双方にとってメリットがある仕組みがシックスシグマ・アサインメントだといえる。他方、シックスシグマ・アサインメントが抱える課題としては、過去の仕事経験のなかで、プロジェクトマネジメント経験やリーン・シックスシグマで使うツールや手法を学ぶ機会があった人にとっては、このアサインメントをとおして学べる内容がそれ以外の人と比べて少ないことがインタビュー結果から得られた。この点を考慮した人選もしくはそれを補うようなプロジェクト割当を行うことにより、このアサインメントが各ブラックベルトにとって、より充実したものになると思われる。

5-2 理論的含意

リーン・シックスシグマは顧客満足もしくは顧客価値を高めることに主眼をおき、プロセス改善を行うことでコスト削減と収益向上に貢献するための手法だけでなく、リーダー育成ツールとしても活用でき、リーダー育成ツールとして活用している企業もあることが先行研究レビューでわかった。しかし、先行研究の限界として、リーン・シックスシグマにおいてブラックベルトが中心的な役割を果たしているにもかかわらず、ブラックベルトがプロジェクトリーダー経験から何を学び、それがリーダー育成にどのような影響を与えているのかについての知見が見当たらないことに気づいた。

本研究では、この限界を補完するために、X社日本法人を調査対象に、ブラックベルトがプロジェクトリーダー経験を積み重ねるなかで、チームメンバー、マネジメント、同僚ブラックベルトの3者から何を学んでいるかを、インタビューにもとづく分析から抽出することができた。この分析の結果、ブラックベルトの学びは「直接経験」と「間接経験」、「ハードスキル」と「ソフトスキル」の4つに分類でき、原則2年間の任期中に行ういくつものプロジェクト経験を積み重ねるなかで、これらの経験とスキルを向上させる機会があるという興味深い発見があった。

また、ブラックベルトは、複数のプロジェクトの積み重ねから経験学習をする際に、自分だけで学習しているのではなく、スポンサー、チームメンバー、同僚などの他者の媒介をとおして学んでいることがインタビューの分析からわかった。つまりブラックベルトは、実際には経験→内省→同僚への相談／マネジメントからの薫陶→実践のサイクルで学習しており、経験の部分ではチームメンバーが、同僚への相談の部分では同僚ブラックベルトが、そしてマネジメントからの薫陶の部分ではスポンサーがブラックベルトの学びに大きな役割を果たしており、その学びの内容を図式化できたことは理論的にも意義があると考える。

5-3　実践的含意

シックスシグマ・アサインメントでは、短期間に数多くのプロジェクトリーダー経験を積み重ねる。毎回異なる分野、抱えている課題、チームメンバー及びスポンサーとのやり取りをとおして、データ収集と分析から抱えている課題の本質を把握し、その根本原因を特定した上、それを解決するための解決策を考え、実行していく。そこでは体系だった問題解決手法の活用とデータドリブンの思考など、ハードスキルが求められる。加えて、チームメンバーやスポンサーとのコミュニケーションや信頼関係を築くなど、ソフトスキルも必要になってくる。

シックスシグマ・アサインメントとは、このようにプロジェクトごとに訪れる不確実な状況のなかで、感情を入れずにハードスキルを基盤にしながら、ソフトスキルを活用して限られた時間内で成果を出し続けることを試されるアサインメントであり、それぞれのプロジェクトからの学びを内省し、経験から学ぶ力を持っているかどうかで次世代リーダーとしてのポテンシャルを判断するアサインメントだともいえる。

シックスシグマ・アサインメントの対象の属性としては、近い将来に部下を持ち、他者をとおして成果を出す事が今後求められるような課長代理クラスもしくは課長クラスが最適であり、こうしたクラスが、シックスシグマ・アサインメントをとおしてのハードスキルとソフトスキルの双方の学びの量が多いのではないかと思われる。逆に部長クラスもしくはコンサルティング出身者の場合は、シックスシグマ・アサインメントをとおして学ぶことができるハードスキルとソフトスキルを、過去の仕事経験から培ってきている。そのためにこれらのクラスでは、課長代理クラスもしくは課長クラスと比べると、相対的に学びの量が少なくなることがインタビューをとおして確認できた。こうした点を考慮した人選もしくはそれを補うようなプロジェクト割当を行うことで、シックスシグマ・アサインメントはより充実したものになると思われる。

6　おわりに

神戸大学MBA修了後の私は、14ヶ月にわたるシックスシグマ・アサインメントを経験することになった。諸先輩方が経験し、得られた学びを、私自身も経験し、学べるようにとの思いから、数多くのプロジェクトに取り組み、奔走した。シックスシグマ・アサインメントを終えた今、あらためて振り返ってみると、私の修士論文の結論に間違いはなかったと確信をもっている。加えて、シックスシグマ・アサインメントの機会をいただけたことに、感謝をしている。

私は、このアサインメントを通じて、個人的な課題であった他者を通じて結果を出す習慣づけをはかることができ、自分の仕事のスタイルや考え方が大きく変わったように思う。

ＭＢＡ修了後は入学前の普段の生活に戻るわけで、その後のキャリアにおいては大きな変化がなく、ＭＢＡに入ったことや学んだ事が役に立ったのかどうかを考えはじめるＭＢＡ修了生も少なくないかと思う。私の場合は、ＭＢＡ修了後は、シックスシグマ・アサインメントでの成果を評価された結果、希望していたマーケティング部門に異動する前に必要な経験を得るべく、顧客と日々接するセールス・アサインメントの機会を与えられることになった。中途入社者とともに約２ヶ月に及ぶ営業研修を受け、現場配属になった。過去に営業やマーケティング経験がまったくないにもかかわらず、このような機会を与えられ、投資をしてもらえるのは有難いことである。この機会を必ず活かしたいと考えている。

私は10年近くペーパードライバーだったこともあり、日々のセールス活動に必要となる運転スキルが未熟なために、教習所に通い運転スキルを磨くところからの船出となった。今後も数多くの荒波に接することになりそうだが、自分が希望して進みはじめた道なので、すごくワクワクしている。

神戸大学ＭＢＡの同級生は向上心が高く、ひたむきに努力されている姿を目にしてきた。このような仲間が身近になったことによって、ＭＢＡ修了後も互いに高めあうことができるとともに、仲間の近況を聞くたびに良い刺激を受けることができるようになった。

神戸大学ＭＢＡは、知識を学んだり、思考力を鍛えるだけの場ではなく、将来に渡って刺激しあえる人財とめぐり合える場でもあった。行動することで未来が開けることを教えられた。

Column

◆シックス・シグマ

品質管理の方式は国によって大きく異なる。経営の文化が違うからである。品質管理はまずアメリカで生み出され発展した。アメリカでは、品質管理は品質管理部門の仕事であると考えられ、統計的な品質管理の方法が開発された。日本はアメリカの品質管理の方法を取り入れるにあたって、それを専門家の仕事にするのではなく、現場の人々を小集団に分け、集団が自ら取り組むという方法に発展させた。ＱＣ活動あるいはＴＱＣ、ＴＱＭと呼ばれる活動である。これが日本企業の製品の品質の高さにつながっているということで注目され、アメリカに導入されたが、導入にあたってアメリカに合うように改良が加えられた。アメリカ的な変容の１つの方式がシックス・シグマである。その大きな改良点は、集団の全員参加よりもリーダーの育成が重視されていることである。

（加護野忠男）

第13章

医薬品企業のコーポレート・ガバナンス

川添　信

1　なぜMBAを目指したか

まずは私の履歴を簡単に述べたい。大学の学部は農学部で，植物の成分から生理活性物質を抽出し，抗腫瘍活性物質などを探索していた。大学が好きだったためだろうか，４年制大学であったが７年間在籍し，新卒で外資系医薬品企業に入った。

私が薬学部卒業でもないのに，医薬品企業に入社したのは，寮にその医薬品企業に勤務していた先輩がおり，「お前は外資系向きなので，オレのいる会社に入れ！」と強く薦めてくれたからである。そのためか就職試験はトントン拍子に進み，就職氷河期であったがこれといって苦労した記憶がない。あと，２社くらい興味本位で面接したくらいである。社会人キャリアをスタートするのに明確なプランもなく，「そろそろ税金を納めて，社会の役に立たないといけんかなあ！」と考えていたくらいであった。

神戸大学ＭＢＡの授業では，このような偶然のキャリアというのは理論化・一般化されており，Ｊ・Ｄ・クランボルツの「計画された偶然性理論」（Planned Happenstance Theory）という理論として示されていた。とにかく行動していれば，思わぬチャンスに出会うということである。

入社した医薬品企業では営業を経験した。一般に言われる営業職とは若干趣が異なる。医薬品企業の営業（ＭＲ）は価格決定権が以前はあったようだが，私が入社したころには無く，薬の情報提供者としての役割を期待されることが多くなっていた。

新人社員時代の上司には今となっては恵まれていたと考えるが，厳しい上司であった。入社してから３年間くらいは社会人生活の中で一番必死に働いた気がする。副作用報告の収集や，新薬の説明会，研究会の立ち上げなどから，ゴルフにボウリング，登山等……，担当エリアにおいては，一番社内で詳しくなければ駄目だという上司の考えから，仕事に没頭していた。

新人の頃は，患者さんのためとか，先生の治療のお手伝いをするなどという高尚な考えもなかった。社内の全国優秀賞などを５回連続で頂くなど，大学時代には考えられないくらい仕事熱心だったが，運で片付けられるのもシャクなので，成績を落とさないように努力したということもあるし，上司のキャリアに対する貢献も大きな動機付けになっていた。

社会人としてのキャリアについて自らをあらためて振り返ってみると，自分がこうしたいと強く考えて，自発的なキャリア選択をしたことは少なかった。キャリアの節目ではそれとなく考えてはみるが，明確なゴールセッティングはしていなかったように思う。

お世話になった医薬品企業を退職し，現在の医療機器会社に入社したのも，目の前の仕事に対して，真摯に向き合った結果である。これまでのキャリアを整理してみると，重要だったのは以下の３点かと思う。

・ある時期、集中して仕事を覚える時期があったこと
・上司・先輩に恵まれたこと
・いつも目の前の仕事を大切にし、好奇心を絶やさなかったこと

社会人として実務経験を営業職、マーケティング部門で積んでいく中で、相応の責任のある仕事を任されるようになったが、ビジネスを一度、体系的に学びたいと思い、社会人ＭＢＡの受験を決意した。キャリアが長くなれば、当然ながら他部門との折衝も多くなる。部門が異なれば同じ企業であっても、志向、考え方が異なっているのが現実である。

彼らにいかに納得してもらい、自分のビジネスプランを承認してもらえるか。

私はマーケティング畑だったが、他の部門、例えば経理や人事部門の考え方や専門用語を理解し、共感することが必要である。その思考や知識を総合的に得る場所は日本においてはＭＢＡだと考えた。学んでみた後でも、この判断は正しかったと思っている。

神戸大学ＭＢＡに入学した時期には、私は東京支店に勤務しており、週末に神戸、大阪に通学していた。もちろん関東にもビジネススクールはある。しかしながら、その中で、神戸大学を選んだ理由は、どこよりも実学の精神が開学以来貫かれているのと同時に、何よりも先生方が「教育者」としての自覚に溢れているように思えたからである。

東京からの通学は、時間的にも金銭的にもコストがかかったが、それに見合うだけの価値が

あったと実感している。私の同期では名古屋から通学される人も入れると，10名ほどが近畿圏外から通学していた。

さらに付け加えるならば，神戸大学の精神の1つである「井の中の蛙，大海を知らず。されど，天の深きを知る。」に深く共鳴したことも大きな進学理由だった。そして，経営学の分野の最先端で研究されている先生が多く，一流の学者の思考過程をたどることで，それを実務に活かしたかったことももう一つの理由である。

入学後は，ファイナンス専攻のゼミにも所属することができ，経済学を基礎としたものの考え方を学ぶことができた。

2　MBAで経験したこと

神戸大学MBAでの入学後は，三品和広先生の授業「ゼネラルマネジメント」において，日本企業の低収益性についての問題提起があり，このことが私の頭から離れなくなった。「ROEの低い日本企業をどう立て直すのか」「経済のグローバル化の波に乗り遅れた日本をいかに回復させるか」

同様の問いかけをファイナンスの面から，砂川伸幸先生（現・京都大学教授）も述べておられ，私の修士論文の問いは固まっていった。

さらに、砂川先生の「ファイナンス」の授業では、「経営学者は最後にはガバナンスの問題に行き着く」とのコメントがあった。日本企業の低収益構造の問題とガバナンスというキーワードが見つかった。そこに医薬品企業と業界を絞ることで、新規性のある論文を目指した。あらためて三品先生、砂川先生に御礼を申し上げたい。

エルーシブであると同時に、人によって捉え方やその範囲が異なるガバナンスの分野の探索には想像以上に困難を極めた。法学関係者や、法律関係者、経済学者の文献も多数あり、経営学者の文献の方が少ないといってもよいくらいだった。和文・英文あわせて400本くらいの論文を読み込んだ。それでも、先行研究に〝汚染〟されないよう、かつ、元手のかかった、自分でつかんだ〝体重〟の乗った言葉で書くように心がけた。

その中で多くの示唆を与えてくれたのは、現在は神戸大学特命教授である加護野忠男先生であった。加護野先生、そしてその盟友ともいえる伊丹敬之先生の論文を、通勤電車の中で揺れながら読んだ。必ずしも方法論に直接かかわる指導を私が受けたわけではないが、この両先生の思考方法から、私は重要な影響を受けている。

神戸大学での最後の授業である「組織行動」おいて、金井壽宏先生から教えていただいたのが、K・レビン氏の「よい理論ほど、実践的なものはない」という言葉である。この言葉を実践すべく、実務家にとっても、アカデミアにも意味のある問いを投げかけ、解決したいと思った。世の中のパラドキシカルなものに対して、意味付けをしたい。そこで見すえたのが「ガバナンスのディレンマ」である。これについては後に詳述する。

見えないものを見て，不確実性に耐えて，それを推し進め，最終的に人に共感してもらうという変革のプロセスは，論文作成にもビジネスキャリアにも共通する。見えないものを見せるとは抽象的な言い方だが，要は形にしていくことだと思う。このプロセスにおいては「ショート・タイム・ウィン」すなわち小さな成功例を積み重ねていくことが，不可欠かつ有効な手段となる。小さいながらも確実に成果を生み出し，「あいつの言うことは，もしかすると本当かもしれない」と思わせていくのである。ここではスピードとタイミングが何よりも重要となる。この長年にわたるビジネスキャリアからつかんだ要諦を，一年に満たない論文作成のプロセスで実感できたことも，神戸大学MBAでの成果であった。以下では最終的にはどのような修士論文となったかを紹介する。

3　医薬品企業34社の定量分析と役員10名のインタビューから見えてきたもの

3－1　競争優位の源泉としてのコーポレート・ガバナンス

7年かけて大学を卒業した後，1997年から勤務した医薬品企業を，私は2012年3月31日付けにて退職した。この意味において，神戸大学MBAでの修士論文は，私にとっての医薬品業界からの卒業論文とも位置づけられる。

問題意識の出発点は、日本企業の持続的競争優位が低下していると いわれて久しいことだった。２０１２年度の東証１部の時価総額上位30社の中でＲＯＥ20％を超すのは、ＪＴ（23％）、ソフトバンク（30％）、ヤフー（22％）の３社だけだった。そのような状況の中で、１９９０年代初頭のバブル経済崩壊後、企業の不正会計問題等が多発し、コーポレート・ガバナンスが社会的にも学術的にも関心を集めている。オリンパスや大王製紙そして、林原などで起こった不祥事では、日本のコーポレート・ガバナンス制度の脆弱性、未成熟さが明らかとなった。

コーポレート・ガバナンスは、単に組織をコントロールするだけでなく、企業の持続的な競争優位を築き、競争力を高めることに本来の役割があるはずである。ところが実際には、コーポレート・ガバナンス改革が進むことにより、研究開発費への投資から配当を増やす方向に動きが生じている。そこでは、コーポレート・ガバナンス改革が進めば進むほど、将来の成長の糧となる新薬に対する投資が弱まるという、「ガバナンスのディレンマ」現象が起こっている。

では、医薬品企業に必要なコーポレート・ガバナンスとはどのようなものだろうか。これが、私が神戸大学ＭＢＡで取り組んだ研究の根底に流れる問題意識である。

３－２　同族企業のコーポレート・ガバナンス

コーポレート・ガバナンスとは、一般に日本では「企業統治」という訳語を当てている。企業とは、その組織を取り巻くあらゆる利害関係者によって指揮・統制されるシステムである。近年、日本でも企業環境の変化と企業のグローバル化を受けて、「企業とは何か」「企業とは誰のものか」といった論議が活発に交わされるようになっている。そして制度面での改革が段階的に施行されたことを受け、内部統治の改善を図る組織改革に取り組む企業も出てきている。

コーポレート・ガバナンス論における基本的な論点は、株主と経営者の間の「エージェンシー問題」、すなわち経営者が株主の利益ではなく自らの利益を図るために経営を行うという問題をどうとらえるかである。コーポレート・ガバナンスにおける一般的な理解は、大株主が存在する場合には、経営の監視が有効に機能する可能性が高まる、というものである。これに対して、株式が分散所有されている場合には、個々の株主は自分以外の株主が経営を監視してくれることを期待して、あるいは自らが時間と費用をかけて経営を監視しても、その成果が自分だけではなく、他人の株主にも帰属してしまうために、経営の監視に消極的になるという「フリーライダー問題」が生じる。

同族企業においては、同族が相当の割合の株式を保有し、かつ経営を担っている場合には、経営者は同族経営的企業の保有財産の価値、つまり株主利益を高めるインセンティブを持つことになる。すなわち、同族企業性はエージェンシー問題を縮小する方向で機能するものとも考えられる。しかし一方で、同族が大株主かつ経営者であるという地位を利用して、同族以外の少数株主の利益を奪う可能性も否定できない。したがって、同族経営的企業性の有無や程度が、理論的にコーポレート・ガバナンスの有効性と直接結びつくというわけではなく、同族経営的企業性はコーポレート・ガバナンスに対して、ポジティブな影響もネガティブの影響も与えうるものであると考えられる。大阪市立大学教授の吉村典久先生は、同族経営的な傾向を持つ企業がコーポレート・ガバナンスに与えうる影響として、同族が持つ使命感や長期的視野、経営の早期育成が可能であるといった点がプラスに働く一方で、優秀な後継者の確保が困難になったり、「ワンマン化」の温床となるといったマイナスの影響があり得ることを指摘している（『日本の企業統治』NTT出版、2007年）（**図表13－1**）。

さらに同族企業では経営トップの在任期間が長く、また世代を超えて経営されていくために、長期的な視点で経営を行いやすいという長所がある。そのために短期的には減価償却費が大きくても、将来を見据えた設備投資が行われたり、4半期決算が行われている中でも、短期よりも長期業績を重視したり、また将来のための人的資本の投資を積極的に行ったりするなど、企業を継続していくための活動に力が入る。

このように長期的な視野を持っており、また、同族の資産も会社に関わっているため、同族経営企業は不況に強いという特徴も有している。

ただし、その裏返しとして保守的になるというネガティブな面もある。さらに強固な組織文化においては、家族的なまとまりという良さがある半面、ぬるま湯的な組織になってしまうという短所もある。このように同族経営的企業は必ずしも良い面ばかりではなく、長所と短所が

図表13－1 同族経営的企業がコーポレート・ガバナンスに与えうる影響

ポジティブ面	ネガティブ面
・企業の社会的評価が一族等の評価につながる可能性を考えると健全な評価も望むため、ある種の使命感を持つ。	・優秀な後継者の確保が困難になる。
・長期的視野を持つ。	・ワンマン化の温床となりやすい。
・経営者の早期育成が可能である。	・経営者が外部の株主からの重圧を感じにくい。
・有能な経営者が長期経営できる。	—
・不採算事業からの徹底の意思決定を迅速に実行し得る。	—
・意思決定が早い。	—

出所：吉村（2007）『日本の企業統治』より著者作成

表裏一体となっている。

さらに大きな問題としては、経営者が大株主であることから、エージェンシー・コストが小さくてすむ反面、ワンマン化の温床となりやすく、ガバナンスが欠如したり、投資の意思決定が俗人的になされたりしやすいことなどのリスクも抱えている。また、常に同族内からの後継者が優秀な経営者とは限らないという限界もある。

3－3 医薬品企業における同族経営

私が修士論文の研究にあたって対象業界とした医薬品企業も、他の業界と同じように、同族企業から発展した世界的企業は多い。海外に目を向けると、ヨーロッパにおいては、ドイツのベーリンガー・インゲルハイム、バイエル、イギリスのグラクソ・スミスクライン、米国のジョンソン&ジョンソンなどが挙げられる。

そして日本においては、武田薬品工業、エーザイ、大塚製薬、中外製薬、大正製薬、小野薬品、塩野義製薬、キッセイ薬品、久光製薬などを挙げることができる。この中で、現在でも持株等による影響は少ないものの、マインドセットとして創業家が会社の意思決定に影響を及ぼしていると見なされているのが、エーザイ、大塚製薬、中外製薬、小野薬品、塩野義製薬、久光製薬などである。

日本における売上高トップ10のガバナンス構造を眺めてみると、エーザイのみが委員会設置会社の形態をとっており、他はすべて監査役設置会社となっている。日本では委員会設置会社は一部上場企業において、それほど普及していないが、それ以上に医薬品企業の委員会設置会社数は少ない（２０１２年度時点）。

外国人持株比率が高いのはアステラス製薬であり30％以上となっている。これに対し、大塚ホールディングスの外国人持株比率は10％と低くなっている。また、大塚ホールディングスは社外取締役を設置していない。エーザイは社外取締役が７名と取締役人数の過半数を占めている。取締役人数はアステラス製薬が７名と少ない（２０１２年度時点）。

同族色の強いエーザイ、大塚製薬、中外製薬の３社に注目してみる。エーザイの現社長の内

図表13－２　日本医薬品企業の所有構造

	第一三共	武田薬品	田辺三菱製薬
外国人株式保有比率	20％以上 30％未満	20％以上 30％未満	10％以上 20％未満
組織形態	監査役設置会社	監査役設置会社	監査役設置会社
取締役会の議長	会長 （社長を兼任している場合を除く）	社長	社長
取締役の人数	10名	９名	８名
社外取締役の選任状況	４名	２名	２名
監査役の人数	４名	４名	４名

	アステラス製薬	エーザイ	大塚ホールディングス	塩野義製薬
外国人株式保有比率	30％以上	20％以上 30％未満	10％未満	20％以上 30％未満
組織形態	監査役設置会社	委員会設置会社	監査役設置会社	監査役設置会社
取締役会の議長	会長 （社長を兼任している場合を除く）	社外取締役	社長	会長 （社長を兼任している場合を除く）
取締役の人数	７名	11名	10名	５名
社外取締役の選任状況	４名	７名	選任していない	３名
監査役の人数	４名	５名	４名	５名

出典：筆者作成（2012年度有価証券報告書より抜粋）

藤晴夫氏は1988年に41歳で社長に就任して以来、現在までCEOを続けている。また、内藤晴夫氏の父である内藤祐次氏が先代の社長として1966年から1988年まで社長を務めている。親子2代で50年以上にわたり経営に携わっていることになる。この約半世紀にわたる内藤家の支配は、株をほとんど所有していないにもかかわらず、企業の意思決定に経営者として携わる形で続いている。大塚製薬においては、1976年に大塚明彦氏が社長になり、会社不祥事による辞任で1999年に退任するまで23年社長を務めたが、その後は亡くなられる2014年12月まで会長として大塚ホールディングスの経営に影響力を保った。そして中外製薬においても、創業家の娘婿養子である現会長の永山治氏が長期にわたって経営の中枢にいる（同氏は2020年3月30日を会長を退任し、現在は名誉会長）。

医薬品業界では、その他の同族色が強い企業には、地域密着型の医薬品企業が多くなる。久光製薬（鳥栖市）、日本新薬（京都市）、興和新薬（名古屋市）、キッセイ薬品（松本市）などは地元の雇用を守り、尊敬されている同族色の強い企業である。（創業家が代表権を持っていない企業もある。）また、医薬品企業では、他にも、小野薬品工業、武田薬品工業、塩野義製薬、参天製薬などが創業家の影響力が残っている企業であると言われている。このように医薬品業界は、同族的経営との親和性が高いことが確認できる。

図表13－3 記述統計量

	度数	範囲	最小値	最大値	平均値		標準偏差	分散
	統計量	統計量	統計量	統計量	統計量	標準誤差	統計量	統計量
研究開発費/総資産	280	49.3%	.2%	49.5%	8.437%	.4088%	6.8411%	46.801
外国人持株比率	280	76	0	76	18.50	.941	15.751	248.108
オーナー企業度	280	37	0	37	3.81	.329	5.503	30.281
社外取締役比率	280	64	0	64	14.15	1.201	20.094	403.786
経営者交代の柔軟性	280	4	1	5	2.67	.086	1.444	2.085
特定株集中度	280	52	25	77	48.44	.807	13.508	182.469
自己資本比率	280	80	17	97	68.94	1.043	17.457	304.760
監査役比率	280	100	0	100	46.74	1.118	18.712	350.123

出典：筆者作成

3－4 リサーチクエスチョンと仮説

医薬品企業のガバナンスにおいては、多くの先行研究から同族的経営が多いことが明らかとなっている。私は、なぜ、医薬品企業には同族的経営が多いのだろうかと考えた。

本研究の仮説は「オーナー企業であることが、研究開発投資に正の影響を強く与えている」である。そのために医薬品業界では、同族企業が多くなる、と考えたのである、この仮説を検証するため、定量分析と定性分析を実施した。

3－5 定量分析の概要

定量分析にあたっては、被説明変数は「研究開発費／総資産」、説明変数は「外国人持株比率」「オーナー企業度」「社外取締役比率」「経営者交代の柔軟性」「特定株集中度」「自己資本

図表13－４　相関分析（**．相関係数は１％水準で、*．相関係数は５％水準で有意（両側）

		研究開発費/総資産	自己資本比率	機関投資家持株比率	外国人持株比率	オーナー企業度	負債比率	取締役会人数	社外取締役比率	監査役比率	経営者交代の柔軟性
研究開発費/総資産	Pearsonの相関係数	1									
	有意確率（両側）										
自己資本比率	Pearsonの相関係数	.234**	1								
	有意確率（両側）	.000									
機関投資家持株比率	Pearsonの相関係数	−.105	−.046	1							
	有意確率（両側）	.079	.443								
外国人持株比率	Pearsonの相関係数	.024	.091	.702**	1						
	有意確率（両側）	.687	.129	.000							
オーナー企業度	Pearsonの相関係数	.179**	.131*	−.344**	−.305**	1					
	有意確率（両側）	.003	.028	.000	.000						
負債比率	Pearsonの相関係数	−.254**	−.999**	.043	−.091	−.133*	1				
	有意確率（両側）	.000	0.000	.469	.129	.025					
取締役会人数	Pearsonの相関係数	−.149*	−.259**	−.033	.073	−.125*	.261**	1			
	有意確率（両側）	.012	.000	.581	.220	.035	.000				
社外取締役比率	Pearsonの相関係数	.383**	.095	.239**	.443**	−.070	−.100	−.042	1		
	有意確率（両側）	.000	.112	.000	.000	.238	.095	.480			
監査役比率	Pearsonの相関係数	.061	.250**	.012	.006	.053	−.247**	−.672**	−.301**	1	
	有意確率（両側）	.308	.000	.842	.921	.379	.000	.000	.000		
経営者交代の柔軟性	Pearsonの相関係数	.013	.153**	.363**	.399**	−.086	−.157**	−.086	.126*	.129*	1
	有意確率（両側）	.824	.010	.000	.000	.151	.008	.148	.034	.030	

出典：筆者作成

図表13－5　定量データ結果

モデル		標準化されていない係数		有意確率
		B	標準誤差	
1	（定数）	4.602	1.769	.010
	外国人持株比率	−.079	.028	.005**
	オーナー企業度	.194	.066	.004*
	社外取締役比率	.160	.020	.000**
	経営者交代の柔軟性	−.054	.263	.838
	特定株集中度	−.152	.028	.000**
	自己資本比率	.104	.022	.000**
	監査役比率	.056	.020	.000**

注）P<.05*, P<.001**　注２）VIF値<2.0であり，多重共線性は見られなかった。
出典：筆者作成

比率」「監査役比率」とした。基本統計量は**図表13－3**に、相関係数は**図表13－4**にそれぞれ記載した。

統計分析に用いるデータのうち、研究開発費に関するデータは各年次の有価証券報告書から1社毎に入手した。ガバナンスのデータは日本経済新聞社「NEEDS-Cges」から入手し、2004年～2012年のデータをクロスセクションデータとして、サンプル数は280となった。

3－6　定量分析の結果

重回帰分析を行い、自由度調整済決定係数R^2（0・317）を得た。研究開発費の規定要因を明らかにする実証研究としての本研究の統計的な有意性はあるものの、自由度調整済決定係数が比較的低値であることから、充足性については今後の課題と考えている。

仮説について、サンプル企業全体を対象に推定した結果が**図表13－5**である。「オーナー企業度」が5％水準で有意に正であることから、仮説の「オーナー企業であることが、研究開発／投資に正の影響を与える」は支持されたと考える。また、取締役会構成に関する代理変数である「社外取締役比率」が0・01％水準で有意に正の相関を示し、「監査役比率」が5％水準で有意に正相関であった。株式所有構造の代理変数である「外国人持株比率」は5％水準、「特定株集中度」は0・01％水準で負に有意相関を示した。さらに、キャッシュフローの代理変数である「自己資本比率」が0・01％水準で有意に正相関であった。「経営者交代の柔軟性」については、有意性が認められなかった。

なお本研究が扱うのは、2004～2012年という期間のデータであるため、リーマンショック等の影響も少なからず受けたと考えられる。研究開発費と自己資本比率が正の相関であったことは、借入金の少ない健全な経営であれば、研究開発への投資が積極化することを示しているといえる。また本研究では、外国人株主の株式所有と研究開発投資の関係は負の相関であった。しかし、外国人株主が長期に保有していたのか、短期に保有していたのか、研究開発投資せず配当の高い企業に積極的に投資していたのか、あるいは議決権行使などにより、コーポレート・ガバナンス改革を投資先企業の経営者に行わせ、研究開発投資を控えさせていたか否かは不明である。これらも本研究に残された課題である。

本研究では，医薬品企業の「ガバナンスのディレンマ」を克服するための示唆を得るべく，パネルデータを用いて，研究開発投資の決定要因について検討してきた。その結果は，オーナーの影響力あるいは存在が，研究開発投資に正の影響を与えることを示していると考えることができそうである。

近年のドラスティックな環境変化の下では，研究開発のリスクについての把握はできるものの，その直接の成果を明確にすることは困難になっている。このような中では，どのステークホルダーも研究開発投資の積極的な推進は望まない。とはいえ，研究開発投資が企業の持続的な生産性の上昇の源泉ではなくなったわけではない。定量分析結果は，長期的な視点で判断できる同族経営的企業の強みが医薬品企業には必要であることを示している。

スチュワードシップ理論によれば，経営者が長期的な視点に立って，研究開発に資本を投下し，そこから生み出された技術が内部資源となり，模倣困難性をつくりだし，企業を競争優位に導く。本研究では，この長期的な視野に立つ研究開発投資が，同族性の強い企業において進むことを，日本の医薬品企業のデータを用いて，定量的に実証することができた。医薬品業界における同族経営の強みが，なぜ生じるかについて，その一端を実証的に明らかにすることができたと考える。

3-7　定性分析の概要

得られた結果をトライアンギュレーション（複眼的考察）するために、さらに本研究では、医薬品企業のマネジメント層10名に半構造化インタビューを試みた。本研究は、医薬品のコーポレート・ガバナンスについての考察であり、トップマネジメント層から話を聞く必要があると考えた。インタビュー調査は、調査者が調査対象者に対してさまざまな問いを投げかけながらデータを収集する技法であるが、本研究で半構造化インタビューを採用したのは、本研究の定性分析が探索的調査であったためである。

インタビュー・データの分析から、39個のコードが抽出された。39個のコードをインタビュー全体の文脈の中での意味を踏まえながら、それぞれの類似性や創意性に従って、クラスタリング（類別）を行った。その結果、二次的構成概念として9個のカテゴリーとさらに上位の4個のカテゴリーを導き出した。この4つのカテゴリーは「長期の同族的経営へのコミットメント」「顧客中心の文化」「変化に柔軟」「高い倫理観と人材育成重視」である。この中で、医薬品業界に特有な概念は、「長期の同族的経営へのコミットメント」と「高い倫理観と人材育成重視」と考えられる。この結果は、医薬品企業が同族的経営の強みを引き出す上でのポイントを示唆していると考えられる。

3-8 本章の実務的含意

3-7の定性分析より医薬品企業特有のガバナンスには、「長期の同族的経営」が強みを発揮しやすい業界であると同時に「人の生命を預かる」という高い倫理観が求められることが含意された。この結果は3-6の定量分析の結果をロバストに補強していると考えられる。「長期の同族的経営へのコミットメント」、「高い倫理観と人材育成重視」という2つの価値観はコーポレート・ガバナンス改革が進めば進むほど、将来の成長の糧となる新薬に対する投資が弱まるという、「ガバナンスのディレンマ」を防ぎ、医薬品企業の持続的競争優位を維持するための必要条件となり得ると考えられた。

4 おわりに

現在の私は、医薬品企業に属しておらず、また、仕事内容もガバナンスをチェックする立場ではないため、MBAでの本修士論文を実務に直接活かしているとは言い難い。しかし私は医療機器事業に関わっており、ヘルスケア業界の一角にいる。高い倫理観を持ち続けることの大切さを認識し、日々の仕事に従事している。

そして私にとって、ミッション経営を標榜する会社であれば、その実務は常にガバナンスと一体化していないといけないことへの認識や、経営と所有が一体化する同族企業には一定の理論的な支持があり、そこには長期に会社に奉仕する経営者が欠かせないことへの認識を得たことは、現在の会社人生における行動規範の1つになっている。

Column

◆コーポレート・ガバナンス

企業統治あるいは会社統治と呼ばれる。より良い企業経営が行われることを担保するための制度や慣行ととらえる立場と、株主の意向が企業経営に反映されるようにする制度や慣行ととらえる立場とがある。

長らくの間、よりよい企業経営は、経営者の自律にゆだね、それを多様なステークホルダーが監視するという方式の企業統治がアメリカでも日本でも行われていた。アメリカでは、1960年代の後半に、企業合併が活発に行われ、機関投資家の所有比率が高まるとともに、株主の発言力が強まった。日本でも、バブル崩壊後の1990年代に、持ち合いの解消が進み、海外の機関投資家の所有比率が高まるとともに、株主の発言力が高まり、株主の意向を企業経営に反映させる必要性が議論されることになった。この結果、投資家資本主義とも呼ぶべき現象がもたらされ、企業経営の視野が短期化した。これは、1980年代にアメリカ企業の競争力が奪われた一因と考えられている。大阪市立大学の吉村教授の研究（吉村典久『日本の企業統治―神話と実態』（NTT出版、2007）によれば、日本の医薬製造業では、ファミリーが統治している企業の比率が高いことが明らかになっている。長期的な視野での経営が要求されるからであろうと考えられてきた。

（加護野忠男）

あとがき

本書は、２０１２年夏に始まったプロジェクトの成果である。このプロジェクトに参集したのは、その年に神戸大学経営学大学院のＭＢＡコースを修了した経営学修士のヘルスケア業界の有志である。自分たちがＭＢＡコースで得たものを自分たちだけのものに留めず、より広い人々にも伝えたい、また、ＭＢＡの良さをもっと多くのビジネスマンに知ってほしいという熱い思いを持った人々である。

編者の加護野はその前年に甲南大学に移籍していた。講義の負担も管理業務の責任もないという恵まれた職場であったので、すぐに編集を完成できるだろうと気軽に引き受けたが、仕事がずいぶん遅れてしまった。時間がかかったのは、執筆者の熱を伝えながらも、学術書としてのスタイルで表現するという難しいバランスを取ろうとしたためである。最初の原稿は、執筆者の熱を強く反映したものであった。編集者の狙いは、その熱を読者に伝えたいが、学術書としてのスタイルにもしたいという欲張りなものだった。加護野から修正のお願いをして、修正版を読んでみると、最初の熱が弱くなっていることに気づき、再度、元の原稿に近づけてもらう、執筆者の熱を伝えながら学術書としての体裁も整える、という難しいバランスをとるのに予想以上の時間がかかってしまった。忙しい執筆者の時間をとってしまったことを後悔している。編集作業の遅れのために完成に時間がかかったことを執筆者の皆さんにお詫びしたい。辛抱強く見守ってくれた碩学舎の編集担当者、栗木契氏にもお詫びし、感謝したい。本書は、神戸大学のＭＢＡ卒業生の成果の１つである。本書がヘルスケア業界の人々の経営のヒントになれば、幸いである。本書と同じような出版が、他の産業分野でも行われることを祈っている。

２０２０年10月

加護野　忠男

［執筆者紹介］（執筆順）

白壁武幸（しらかべ　たけゆき）　内資系製薬メーカー勤務　第3章

武富太郎（たけとみ　たろう）　医療法人副院長　第4章

志久　香（しく　かおり）　内資系製薬メーカー勤務　第5章

三浦大介（みうら　だいすけ）　内資系製薬メーカー勤務　第6章

渡邉豊彦（わたなべ　とよひこ）　大学院医歯薬学総合研究科准教授　第7章

北尾　環（きたお　たまき）　内資系製薬メーカー部長　第8章

中根　哲（なかね　てつ）　内資系製薬メーカー勤務　第9章

瀧本英明（たきもと　ひであき）　内資系製薬メーカー勤務　第10章

武田正敬（たけだ　まさよし）　外資系製薬メーカー勤務　第11章

上田順史（うえだ　じゅんじ）　外資系製薬メーカー勤務　第12章

川添　信（かわぞえ　しん）　内資系精密機器メーカー勤務　第13章

■編著者紹介

加護野忠男（かごの　ただお）

編集、第1章、第2章、column

1947年、大阪に生まれる。1970年、神戸大学経営学部卒業。1975年、同大学院博士課程修了。同講師、助教授を経て、1988年同教授。経営学博士。2011年甲南大学特別客員教授。2019年より神戸大学社会システムイノベーションセンター特命教授。専攻は、経営戦略、経営組織。企業統治。

近著『経営の精神』生産性出版、2010年、『コーポレート・ガバナンスの経営学』（共著）有斐閣、2010年、『日本のファミリービジネス：その永続性を探る』（奥村昭博他と共編著）中央経済社、2011年、『経営はだれのものか』日本経済新聞出版社2014年、『松下幸之助に学ぶ経営学』日本経済新聞出版社、2016年、『松下幸之助：理念を語り続けた戦略的経営者』（編著）PHP研究所、2016年、『日本のビジネスシステム：その原理と革新』（山田幸三と共編著）有斐閣、2016年。

碩学舎ビジネス双書

MBAが考えるヘルスケア経営
その戦略と組織

2021年1月20日　第1版第1刷発行

編著者　加護野忠男
発行者　石井淳蔵
発行所　㈱碩学舎
〒101-0051 東京都千代田区神田小川町2-1木村ビル10F
TEL 0120-778-079　FAX 03-5577-4624
E-mail info@sekigakusha.com
URL http://www.sekigakusha.com
発売元　㈱中央経済グループパブリッシング
〒101-0051 東京都千代田区神田神保町1-31-2
TEL 03-3293-3381　FAX 03-3291-4437
印　刷　㈱堀内印刷所
製　本　誠製本㈱

ISBN978-4-502-36411-2　C3034